Renate und
Fridhelm Volk

Pilze
sicher bestimmen
delikat zubereiten

2. Auflage
231 Farbfotos von Fridhelm Volk

Ulmer

Inhalt

Links: Ein Hexenring aus Grauen Nebelkappen.
Rechts: Reiche Ernte nach einem Besuch im Wald.

Vorwort

Pilze – ein spannendes Thema. Sie werden von vielen geliebt und hoch geschätzt. Der Waldpilz ist aber nicht nur Freund, er kann auch zum Feind werden. Mit diesem Buch haben wir uns zur Aufgabe gemacht, die Freundschaft für Pilze zu fördern, vor allem »gute Freunde« und giftige Feinde sicher zu unterscheiden. »In die Pilze« zu gehen, ist immer ein Unterfangen mit mehr oder weniger Erfolg. Und das macht auch die Lust an der Sache aus. Wer einmal vom Reiz in den Sog der Leidenschaft gezogen wurde, kommt davon häufig nicht mehr los. Denn: Pilze sind aufregend und geheimnisvoll. Sie sind Luxus und Verführung, Lust und Gefahr. Ihre Erscheinungsformen sind ebenso vielfältig wie die Möglichkeiten ihrer Zubereitung.

Von der großen Anzahl sogenannter Hoch- oder Ständerpilze in Mitteleuropa sind in diesem Buch etwa 100 der wichtigsten Sorten beschrieben, dazu einige Bauch- und Schlauchpilze sowie Sonderformen. Niemand kennt alle Pilze, und das Wissen ist nicht abgeschlossen. Aber ein Kennenlernen lohnt sich. Um ein guter Pilzkenner zu werden, schließt man sich am besten einem anderen Pilzkenner an. Man beginnt langsam mit einigen wenigen Sorten, deren Merkmale man sich gut einprägt. Vor allem die exakten Unterschiede der leckeren Speisepilze zu ihren giftigen oder ungenießbaren Doppelgängern sind entscheidend. Oft sind feinste Unterschiede herauszuarbeiten. Zum genauen Vergleichen sind auch die unterschiedlichen Namen zu beachten. Regionalnamen können häufig verwirren. Zur Bestimmung sollten deshalb zusätzlich die wissenschaftlichen Namen verwendet werden.
»Schwamm« oder »Schwammerl« ist in Bayern und Österreich die gebräuchliche Bezeichnung für Pilze. Dort heißt der Champignon auch Egerling. Andererseits ist »champignon« die französische Bezeichnung für Pilz an sich.

Die Kenntnisse wachsen mit der Häufigkeit der Waldbesuche in der Pilzsaison. Diese kann sich von Jahr zu Jahr sehr unterschiedlich zeigen. Die wichtigste Regel ist: Verzicht bei der geringsten Unklarheit. Alter, Wetterlage, Standort, Jahreszeit sowie Wuchs- und Farbabweichungen geben immer wieder Anlass zu Zweifeln.

Sporen, Myzel oder Hyphen sind in der Fachliteratur häufige genannte Begriffe. Sporen heißen die kleinen Zellgebilde zur Vermehrung, die Mykologen zur sicheren Bestimmung dienen. Das unterirdische Myzel ist die eigentliche Pflanze, und deren Zellfäden werden Hyphen genannt. Aus den Hyphen bildet sich der Fruchtkörper, der Pilz, den wir sammeln.

Die Beschreibung der Regeln und Merkmale in diesem Buch sind nach neuesten Erkenntnissen erstellt und reichen zur sicheren Bestimmung aus. Die Abbildungen zeigen die wichtigsten Erkennungsmerkmale und verschiedene Entwicklungsstadien der Pilze. Sie sind speziell für dieses Buch gefertigt worden. Die Bestimmungstexte beschreiben die typischen Merkmale und geben Hinweise im Detail.

In jeder größeren Gemeinde oder Stadt gibt es in der Pilzsaison Pilzberatungsstellen, die während dieser Zeit meist kostenlos beraten. Sie sind Anfängern und Neugierigen sehr zu empfehlen, denn die Pilzberater dort geben ihren Kenntnisreichtum gerne weiter.

Natürlich ist der wichtigste Pilzberater, auch für Kenner, das Pilzbestimmungsbuch. Und davon haben leidenschaftliche Pilzfreunde meistens nicht nur eines.

Die meisten Pilze sind von baldiger Vergänglichkeit bedroht. Man sammelt sie in einem weiten Korb. Tüten, Taschen oder Netze sind ungeeignet. Aber manchmal hilft auch eine Baskenmütze in großer Not bei einem unvorhersehbaren Fund. Eine rasche Verwendung und Verwertung der gesammelten Pilze ist allerdings in jedem Fall unerlässlich.

Die Autoren dieses Buches halten jede Angst vor Pilzen für unbegründet. Sie übernehmen jedoch keinerlei Haftung für Schadensfälle. Sie verweisen auf den sicheren Schutz bei präziser Kenntnis und Einhaltung aller Regeln und Hinweise. Von diesen ist, wie schon erwähnt, der wichtigste: Im Zweifelsfall – vernichten!

Wir wünschen viele genussreiche Stunden mit Hilfe dieser Lektüre:
In Wald und Wiese, bei der Zubereitung – und natürlich am meisten beim Verzehr gelungener Pilzgerichte.

Noch eine kurze Anmerkung: Pilz-Freundinnen und Sammlerinnen sind mit den Freunden und Sammlern gleichwertig angesprochen, da es bislang keine geeignete gemeinsame Form in unserer Sprache gibt.

Dieses Buch ist Ömser gewidmet.

Stuttgart, Februar 1999
Renate und Fridhelm Volk

Sammeln

Pilze gedeihen auf Wiesen und Feldern, in Parks und in Gärten. Die meisten jedoch bringt der Wald hervor. Es gibt gute und weniger gute Pilzwälder. Das hängt vom Boden, vom Baumbestand und vom Lichteinfall ab.

Die Hauptpilzsaison in unserer Klimazone ist Sommer bis Herbst. Es gibt wenige Arten, die auch im Frühjahr und im Winter wachsen, so zum Beispiel der Samtfußrübling, auch Winterpilz genannt. Einige wenige erscheinen sogar ganzjährig. Man kann vereinzelt sehr starke zeitliche Abweichler finden, die in der Pilzwelt immer wieder vorkommen.

Es gibt gutes und weniger gutes Pilzwetter. Pilze brauchen Feuchtigkeit, Wärme und mehr oder weniger viel Licht. Starke trockene Hitze oder kalte Nässe sind jedoch keine guten Wachstumsbedingungen für Pilze. Bei sehr starkem Regen ist das Sammeln sinnlos, da die Pilze zu vollgesogenen »Schwämmen« werden.

Zum Sammeln von Pilzen nimmt man am besten einen nicht zu hohen Korb. Plastiktüten, Taschen oder Netze sind ungeeignet, da die Pilze zu stark gedrückt und daher matschig werden. Ein Messer (am besten ein Pilzmesser mit kleiner Bürste am Griffende) sollte man auch mitnehmen, zum Anschneiden und zur groben Vorreinigung von Waldresten und Maden.

Zur exakten Bestimmung sind ganze Pilzexemplare notwendig. Daher nicht am Fuße abschneiden, sondern vorsichtig herausdrehen. Die Öffnung wird wieder mit den Händen verschlossen, damit das Myzel nicht austrocknet. Der Pilz wird gegebenenfalls der Länge nach durchgeschnitten, um seine Verwertbarkeit zu prüfen. Nicht brauchbare Exemplare oder Schnittreste sollten sorgfältig am Boden abgedeckt werden, damit man kein Schlachtfeld hinterlässt. Von unbekannten oder zweifelhaften Exemplaren empfiehlt es sich, nur ein bis zwei mitzunehmen und getrennt von den anderen aufzubewahren.

Generell soll nur für den Eigenbedarf gesammelt werden. Gefrorene Pilze sollten, bis auf wenige Ausnahmen, nicht gesammelt werden. Die bekanntesten Ausnahmen sind: der Violette Rötelritterling, der Austernseitling und der Samtfußrübling. Ansonsten gilt: Wiederholtes Frieren durch Nachtfröste und Wieder-Auftauen kann, durch zersetztes Eiweiß, Unbekömmlichkeit verursachen, wie bekanntermaßen auch bei Tiefkühlkost.

Kleine, alte, unbekannte und schützenswerte Pilze (siehe Rote Liste) bleiben stehen. Auch eindeutige Giftpilze sollen nicht zerstört werden. Sie sind ein wichtiger Teil im Stoffwechsel des Waldes.

Richtiges Sammeln ist also sehr wichtig, denn Fehler, verursacht durch unerfahrene Pilzwanderer, können für den Wald und für die Pilznachkommen schädlich sein. Mit einem Bestimmungsbuch in der

Tasche können immer rasch Entscheidungen getroffen werden, die Schäden vermeiden und den Abfallberg zu Hause klein halten.

Eine Sammlung frischer Pilze ist nur von kurzer Dauer; es gilt daher, sie rasch zu verwerten. Anders bei Trockenpilzen: Sie können als hochwertige Sammlung auch über längere Zeit im »Küchentresor« gelagert werden (siehe auch das Kapitel »Pilze trocknen«).

Oben: Steinpilze – ein wertvoller Fund. Rechts: So sieht ein charakteristischer Pilzwald aus.

Grundregeln für das Sammeln

Ausrüstung
- Geeigneter Korb
- Messer zur Grobreinigung
- Pilzführer

Nicht zu sammeln sind
- Unbekannte Pilze
- Zu junge Pilze
- Zu alte Pilze
- Madige Pilze
- Durchnässte Pilze
- Pilzteile
- Geschützte Pilze
- Gefrorene Pilze

Wichtig
- Gift schmeckt man nicht
- Auch Giftpilze sind wurmig und madig
- Pilze (auch Giftpilze!) nicht zerstören
- Unbekannte Pilze nicht probieren und getrennt befördern
- Den Wald nicht abernten

Pilzbestimmung

Auch gute Pilzkenner stehen im Wald manchmal vor einem wundersamen Rätsel. Die Vielfalt der Erscheinungsformen ist unendlich groß. Daher sind fundiertes Wissen und umfangreiche Kenntnisse der sicherste Schutz gegen Gefahren.

Es lassen sich unterscheiden:
- Röhrlinge (Röhrenpilze)
- Lamellenpilze (Blätterpilze)
- Leistlinge (Leistenpilze)
- Porlinge
- Stachelpilze (Stoppelpilze)

Fruchtkörperpilze:
- Gallertpilze
- Bauchpilze
- Schlauchpilze
- Keulen- und Korallenpilze.

Röhren

Lamellen

Leisten

Poren

Speisewert beziehungsweise Giftigkeit der Pilze unterscheiden wir in diesem Buch nach folgenden Kategorien:

 Hervorragender Speisepilz

 Sehr guter Speisepilz

 Guter Speisepilz

 Essbarer Pilz

 Ungenießbarer oder leicht giftiger Pilz

 Giftiger oder tödlich giftiger Pilz.

Besonders typische Merkmale sind im Text hervorgehoben.

Das Bestimmen von Pilzen geschieht in der Regel am Fundort – bis auf wenige Zweifelsfälle, die zu Hause genau unter die Lupe genommen werden müssen. Man braucht zur genauen Bestimmung den kompletten Pilz. Mehrere altersunterschiedliche Exemplare sind dabei immer hilfreich. Die Beurteilung erfolgt nach folgenden Bestimmungsmerkmalen:

Stacheln

Steinpilz mit untypisch langem Stiel.

Hut (Farbe, Lamellen, Röhren, Poren, Stacheln, Leisten) – Stiel (Scheide, Ring) – Fleisch – Fruchtkörper – Geruch – Geschmack – Standort – Jahreszeit – Sporen (für Fortgeschrittene).

Zu Hause erfolgt die Kontrolle. Dazu sind – möglichst mehrere – Pilzbestimmungsbücher unerlässlich. Denn es ist oft aufschlussreich, Bilder und Beschreibungen zu vergleichen. Es kommt vor, dass eine Pilzsorte in einem Ratgeber als essbar und im anderen als ungenießbar bezeichnet wird. Aus Vorsichtsgründen gilt auch hier: Bei Unsicherheit lieber verzichten!

Es gibt eine ganze Reihe von Speisepilzen mit giftigen oder ungenießbaren Doppelgängern, beispielsweise

- Steinpilz – Bitterpilz
- Champignon – Knollenblätterpilz
- Perlpilz – Pantherpilz
- Hexenröhrling – Satanspilz
- Samtfußrübling – Grünblättriger Schwefelkopf.

Sie wachsen brisanterweise oft in dichter Nachbarschaft.

Auch andere Pilze können von ihrem eigentlichen Aussehen enorm abweichen und zum Doppelgänger werden. In diesem Fall sollte man verzichten. Gift schmeckt man nicht, und mit einem weit verbreiteten Irrglauben kann nicht oft genug aufgeräumt werden: Auch Giftpilze werden, entgegen vielen Annahmen, von Würmern und Schnecken befallen.

Nur sehr wenige Arten können durch zusätzliche Geschmacksproben bestimmt werden, wie zum Beispiel Täublinge. Man probiert nur ganz wenig oder leckt an der Hutunterseite, denn bitterer Geschmack ist nicht nur unangenehm, er macht auch ein weiteres Probieren unmöglich.

Als Pilzfreunde stehen wir immer wieder vor einem Gebilde, das in keinem unserer Bücher in dieser Form oder Ausprägung zu finden ist. Es ist keine Übertreibung: Bedingt durch unterschiedliche Witterung ist manchmal ein alter Bekannter etwa hell statt dunkel, dunkel statt hell oder doppelt so hoch wie beschrieben.

Es gibt eine Unmenge von winzigen Waldpilzen, die für Pilzsammler ohne Bedeutung sind. »Stockpilze« an Baumstümpfen mit gelben oder bräunlichen Hüten, in Büscheln oder Grüppchen wachsend, müssen haargenau bestimmt werden. Sie sehen auf den ersten Blick ähnlich aus, sind aber von sehr unterschiedlichem Wert – von essbar bis giftig.

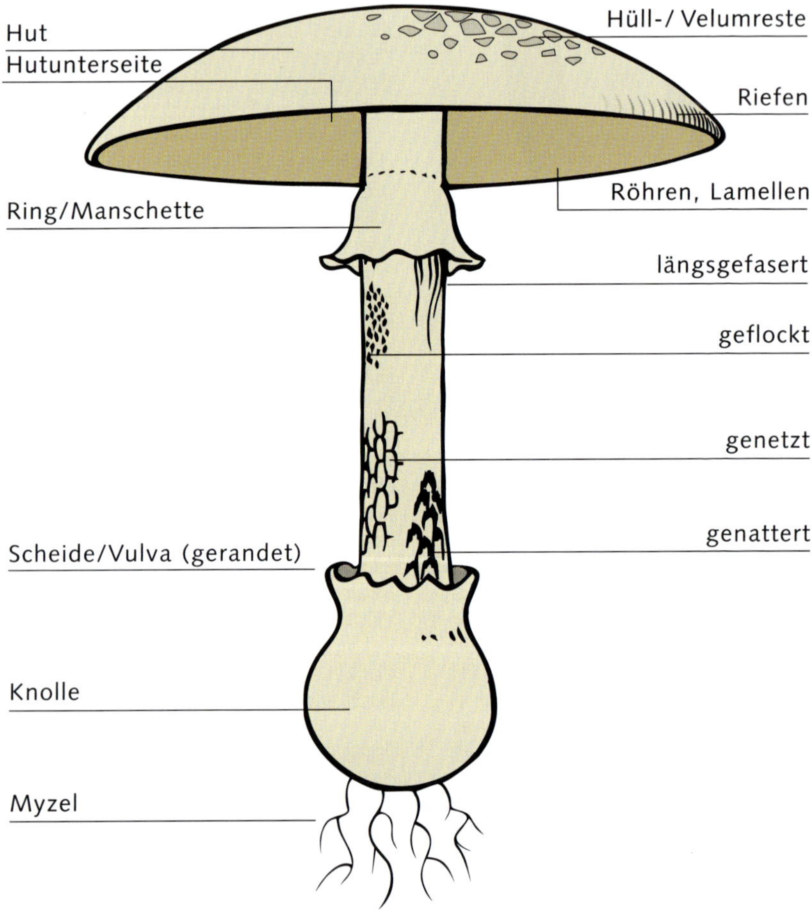

Oben: Wesentliche Bestimmungsmerkmale der Pilze.
Rechts: Hut-, Lamellen- und Stielformen.

Hutformen

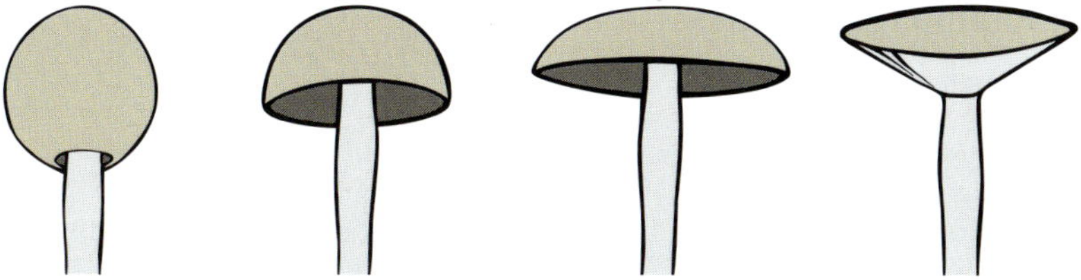

kugelig | halbkugelig | flachgewölbt | flach

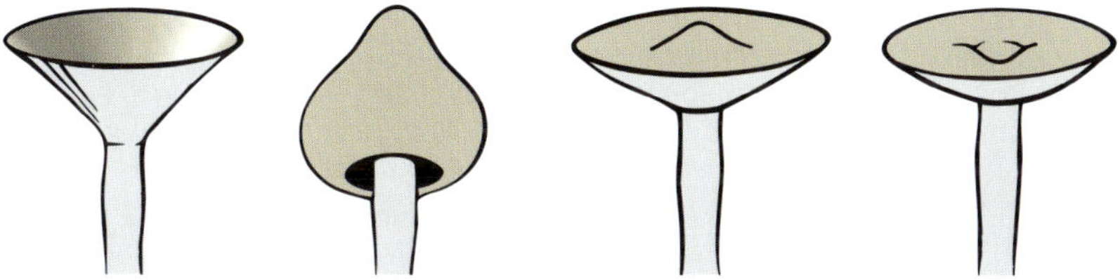

trichterförmig | glockenförmig | gebuckelt | genabelt

Lamellenformen

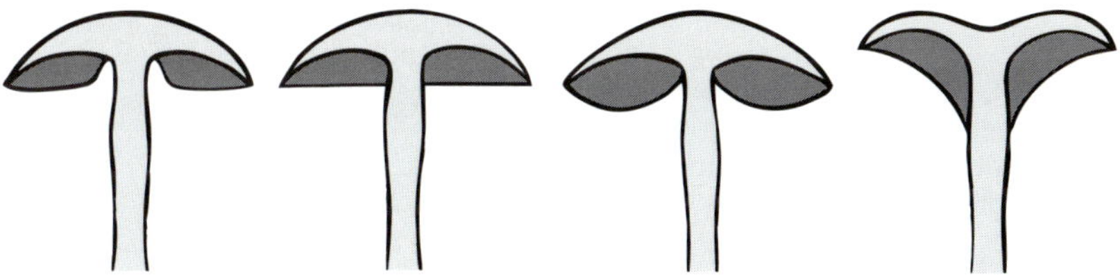

frei | angewachsen | ausgebuchtet | herablaufend

Stielformen

zylindrisch | knollig | keulig | bauchig

Wesentliche Bestimmungsmerkmale

Hutformen
Die Hüte wechseln von klein, rund und kugelig zu groß, flach bis trichterförmig nach oben gebogen. Sie sind gebuckelt, gefranst, gerieft, eingerollt, fest oder schlapp. Seidig, matt, klebrig, ledrig, faserig, geschuppt, trocken oder hygrophan. Hygrophan bedeutet wasserveränderlich: Bei Feuchtigkeit dunkler glasig gerändert, bei Trockenheit heller. Die Huthaut läßt sich bei manchen Pilzen abziehen, was besonders bei älteren Exemplaren empfohlen wird. Sie kann ein- oder vielfarbig sein. Es gibt wahrscheinlich keinen Farbton, der nicht von dem einen oder anderen Pilzhut getragen wird. Die Hutunterseite beherbergt die Sporen, winzige Teilchen, die der Vermehrung dienen. Die Sporen werden nach Form und Farbe unterschieden.

Lamellen, Röhren und Stacheln
Die Lamellen auf der Unterseite des Hutes sind unterschiedlich dicht, unterschiedlich am Stil angewachsen, entweder mit Zähnchen oder verlaufend. Sie können brüchig, fest, elastisch oder wellig sein und variieren in ihrer Farbe zwischen weiß, beige, gelblich, rosa, lila, braun oder schwärzlich.

Die Röhren oder Poren auf der Unterseite des Hutes sind fein- oder grobporig, rund oder eckig. Sie treten in vielen Farbnuancen auf: weiß, beige, braun, rot, doch die häufigste ist gelb. In vielen Fällen verfärben sich die Poren auf Druck. Die Poren bei Porlingen sind mit dem Hut fest verwachsen.

Die Stacheln oder Stoppeln auf der Hutunterseite erscheinen wie nadelartige Ausstülpungen.

Stielformen
Die Stiele können kurz oder lang, gerade oder keulig, dick oder dünn,voll oder hohl, geschuppt oder glatt, faserig oder geflockt, gedreht oder genetzt, mit oder ohne Knolle, mit oder ohne Manschette und Velumresten, sowie mit oder ohne Wurzelteile (Hyphen) sein. Ihre Farbe ist entweder durchgehend gleich oder verläuft von (oben) hell nach (unten) dunkel, oder umgekehrt.

Die Manschetten oder Ringe sind die Reste des Velums, das den jungen Pilz einst umhüllte und später aufreißt. Sie sind gerieft oder glatt, herabhängend oder aufsteigend, als komplettes »Röckchen« oder nur fetzig vorhanden. Manchmal lässt sich nur die hinterlassene Spur eines Ringes erkennen. Der Ring selbst ist dann je nach Pilz beim Hutrand oder an der Knollenscheide verblieben, oder abgefallen.

Das Fleisch
Das Fleisch kann fest oder weich, zäh oder zerbrechlich, dick oder elastisch, schwammig oder zart, saftig oder trocken sein und wird im Alter oft mürbe. Es ist meist weiß bis gelb, und reagiert auf Druck häufig mit Verfärbung. Manche Pilze bestehen nur aus Fruchtkörpern, wie zum Beispiel Schlauch-, Bauch-, Gallert- und Korallenpilze. Sie sind meist klein und besitzen weiter beschriebene Unterscheidungsmerkmale.

Geruch und Geschmack
Der Geruch ist ein wesentliches Bestimmungskriterium mit den

Grundregeln zur Bestimmung

Der Bestimmungsteil dieses Buches umfasst detaillierte Beschreibungen der häufigsten Pilze. Folgendes ist bei der Bestimmung zu berücksichtigen:

- Alle Merkmale beachten
- Hinweise auf Doppelgänger prüfen
- Giftpilze besonders einprägen
- Kontrollieren.

Es gilt generell:

- Kein Risiko eingehen
- Verzicht bei geringstem Zweifel
- Fund-Standorte berücksichtigen (Bodenverhältnisse, Laub- oder Nadelwald, Wiese, Baumstümpfe)
- Mehrere Pilzbücher benutzen
- Bei Zweifeln Pilzberatungsstelle aufsuchen.

Vorsicht vor Verwechslung! Der Steinpilz (2. von rechts) sieht den Gallenröhrlingen sehr ähnlich.

Bezeichnungen: geruchlos, mild, angenehm, schwach, mehlartig, pilzig, aromareich, anisartig, obstartig, würzig, süßlich, kartoffelartig, rettichartig, knoblauchartig bis unangenehm faulig oder abstoßend. Der Geschmack wird bezeichnet als: unbedeutend, angenehm, mild, nussig, süßlich, säuerlich, knoblauchartig, bitterlich, bitter oder beißend.

Pilze der Roten Listen

Im Bestimmungsteil mit RL gekennzeichnete Pilze sind in den »Roten Listen« aufgeführt. In den Roten Listen sind Pilze nach ihrem Gefährdungsgrad in folgende Kategorien eingeteilt:

RL 0: Ausgestorbene oder verschollene Arten. Seit 1950 in Deutschland nicht mehr gefunden.

RL 1: Vom Aussterben bedrohte Arten, für die Schutzmaßnahmen dringend notwendig sind.

RL 2: Stark gefährdete Arten. Gefährdung im nahezu gesamten einheimischen Verbreitungsgebiet.

RL 3: Gefährdete Arten. Die Gefährdung besteht in großen Teilen des einheimischen Verbreitungsgebietes.

RL R: Extrem seltene, potentiell gefährdete Arten, die im Gebiet nur wenige oder kleine Vorkommen besitzen (Raritäten).

gesch.: In Deutschland laut Bundesartenschutzverordnung von 1986 geschützte Arten: Dürfen nicht gesammelt werden.

(gesch.): In Deutschland eingeschränkt geschützte Arten. Das Sammeln ist nur in kleinen Mengen für den Eigenbedarf erlaubt. Der Verkauf und Handel von in Deutschland gesammelten Pilzen ist verboten.

Butterpilz

Suillus luteus
(Butterröhrling, Schälpilz, Schleimchen, Schlabberpilz, Schmalzling)

Hut: ∅ 4–10 cm. Jung halbkugelig, dann ausgebreitet bis flach, uneben gewölbt. Braungelb, braunrot oder braun. Jung mit Schleimschicht überzogen, später trocken glänzend. Huthaut leicht abziehbar.
Röhren: Jung fein, hellgelb butterfarben, oft mit Resthülle bedeckt, später eckig grob und gelb bis schmutzig gelb. Leicht vom Hutfleisch zu lösen.
Stiel: 3–8 cm lang. Zylindrisch, voll, fest. Ring jung weiß, später bräunlich. Oberhalb des Ringes hellgelb, braun punktiert, unterhalb weiß, später schmutzig bräunlich. Oft madig.
Fleisch: Zart, weich bis saftig. Gelblich weiß, auf Druck nicht verfärbend.
Geruch: Schwach obstartig, pilzig.
Geschmack: Leicht säuerlich.
Zeitraum: Juni bis Oktober.
Vorkommen: In Kiefernwäldern.
Wert: Sehr guter, wohlschmeckender Speisepilz.
Verwendung: Zum Braten, für Mischgerichte, Pilzwürze und Füllungen. Jung gut zu trocknen.
Verwechslung: Nicht mit Giftpilzen. Mit essbaren schleimigen Röhrlingen.
Kommentar: Die schleimige Huthaut sollte man besser schon im Wald abziehen, damit die Pilze nicht im Korb verkleben. Nach neuesten Erkenntnissen kann es beim Genuss des Butterpilzes möglicherweise zu allergischen Reaktionen kommen.

Goldröhrling

Suillus grevellei
(Schöner Röhrling,
Goldgelber Lärchenröhrling)

Hut: ⌀ 5–15 cm. Jung kugelig, mit Stiel durch Velum verbunden, dann halbkugelig bis flach, goldgelb, später heller ausblassend. Stark schleimige Huthaut, leicht abziehbar. Rand stark eingerollt, oft mit Velumresten.
Röhren: Gelb bis schmutziggelb. Jung von Velumschleier bedeckt. Angewachsen bis herablaufend. Jung dicht, später weit und eckig. Auf Druck rotbräunlich verfärbend.
Stiel: 6–12 cm lang. Fest, voll, zylindrisch bis leicht keulig.Ganz oben gelb.Unterhalb des Rings bräunlich gemasert. Oft schmierig.
Fleisch: Gelblich, weich, bei Regen wässrig.
Geruch: Schwach, angenehm.
Geschmack: Mild, pilzig.
Zeitraum: Juni bis Oktober.
Vorkommen: Immer unter Lärchen. Gesellig.
Wert: Schmackhafter Speisepilz.
Verwendung: Vielseitig verwendbar, gut zu trocknen.
Verwechslung: Kaum zu verwechseln. Mit essbaren schleimigen Röhrlingen. Kein ähnlicher Giftpilz.
Kommentar: Ein auffallend stark leuchtender Pilz. Neben dem Butterpilz der hochwertigste schleimige Röhrling. Die schleimige Huthaut, vor allem bei älteren Pilzen, sollte man schon beim Sammeln abziehen, sonst kleben die Pilze im Korb zusammen. Alte Pilze sollte man nicht verwenden.

Sandröhrling
Suillus variegatus

Hut: ∅ 4–12 cm. Jung halbkugelig, goldbraun, trocken. Später polsterförmig bis flach, lederbraun. Huthaut sandartig gekörnt. Bei Feuchtigkeit schmierig, schleimig. Rand lange eingerollt. Huthaut nicht abziehbar.
Röhren: Schmutzig gelb bis olivfarben. Bei Druck dunkel verfärbend. Im Alter schwammig. Angewachsen, kaum vom Fleisch abtrennbar. Ältere Röhren lassen sich etwas leichter abtrennen.
Stiel: 4–9 cm lang. Gleichmäßig dick, voll, wie Hutfarbe oder heller, glatt. An der Basis meist bräunlich und feinfilzig.
Fleisch: Gelblich weiß, später gelb, weich, im Stiel dunkler und fester. Beim Anschnitt schwach blauend oder rosa, wieder verblassend.
Geruch: Säuerlich, pilzig.
Geschmack: Mild, unauffällig.
Zeitraum: Juni bis November.
Vorkommen: Unter Kiefern, im Moor, auf der Heide. Meist auf sandigen, sauren Böden. Häufig in Familien oder Reihen.
Wert: Essbar, nicht hochwertig.
Verwendung: Als Mischpilz und zum Trocknen. Alte Röhren entfernen.
Verwechslung: Nicht mit Giftpilzen. Mit dem essbaren Körnchenröhrling oder anderen essbaren Röhrlingen.
Kommentar: Der Sandröhrling hat wenig Aroma, man sollte ihn gut würzen. Ältere weiche Exemplare sollten nicht gesammelt werden.

Körnchenröhrling

Kuhröhrling

Körnchenröhrling

Suillus granulatus
(Pimp)

Hut: ∅ 4–10 cm. Halbkugelig bis flach, breit, oft leicht polsterig. Rötlichgelb bis ockergelb. Feucht schleimig, trocken glänzend und glatt. Huthaut leicht abzuziehen.
Röhren: Hell- bis olivgelb. Jung weiß, milchige Tröpfchen absondernd. Kurz angewachsen oder herablaufend.
Stiel: 3–8 cm lang. Hellgelb, oben mit hellen bis bräunlichen Körnchen, die durch abgesonderte, milchige Tröpfchen der Röhren entstehen.
Fleisch: Weißlich gelb, zart, weich, im Stiel gelb. Später schwammig.
Geruch: Angenehm, schwach.
Geschmack: Mild.
Zeitraum: Juni bis Oktober.
Vorkommen: Unter Kiefern, auf sandigen Kalkböden. Meistens gehäuft vorkommend.
Wert: Wohlschmeckender Speisepilz.
Verwendung: Für Mischgerichte, jung gut zu trocknen.
Verwechslung: Nicht mit Giftpilzen. Mit Butterpilz und Goldröhrling, die aber einen Ring haben.
Kommentar: Huthaut bereits beim Sammeln abziehen, da die Pilze sonst leicht zusammenkleben. Geeignet für Pilzklöße oder Füllen. Große Mengen können zu Durchfall führen.
Der ähnliche **Kuhröhrling** (*Suillus bovinus)* unterscheidet sich durch seine nicht abziehbare Huthaut. Er sondert keine milchigen Tröpfchen ab und wächst meist in Büscheln. Sein Fleisch ist manchmal zäh und verfärbt sich beim Kochen rötlich. Er ist von geringem Speisewert.

Pfefferröhrling

Chalciporus piperatus

Hut: ∅ 2–7 cm. Halbkugelig, orange bis zimtbraun oder weinrötlich, glänzend, trocken, leicht körnig, kleinfeldrig rissig, bei Regen schmierig.
Röhren: Grob, gedrängt, schmutzig orangebraun-rötlich. Poren eckig, nicht verfärbend, am Stiel angewachsen.
Stiel: 4–7 cm lang. Voll, braungelb, zur Basis hin hellgelb, innen zitronengelb. Oft gebogen.
Fleisch: Dünn, weich, blassgelb bis rötlich.
Geruch: Unauffällig.
Geschmack: Brennend scharf, pfeffrig.
Zeitraum: Juli bis Oktober.
Vorkommen: In Nadel- und Mischwäldern, häufig unter Kiefern oder im Moos. Meist in Gruppen.

Wert: Essbar als Würzpilz. Eignet sich für sortenreines Pilzwürzpulver.
Verwendung: In kleinen Mengen als Würze zu Mischgerichten.
Verwechslung: Nicht mit giftigen Röhrlingen. Durch den stark pfeffrigen Geschmack auch nicht mit essbaren Röhrlingen.
Kommentar: Der scharf pfeffrige Geschmack schwächt sich beim Trocknen ab. Kaum madig.

Ziegenlippe

Xerocomus subtomentosus
(Filzröhrling)

Hut: ∅ 3–10 cm. Jung halbkugelig, samtig filzig, graugelb, oliv. Später braun-oliv, flacher, polsterförmig. Trocken, wildlederartig. Huthaut nicht abziehbar.
Röhren: Leuchtend gelb, im Alter grünlich bis bräunlich-gelb. Poren grob, eckig. Röhren lassen sich leicht vom Hut lösen. Auf Druck nicht oder nur schwach blauend.
Stiel: 5–10 cm lang. Dünn, zylindrisch, nach unten verjüngt, oft gekrümmt, gelb- bis leicht rotbräunlich. Längs überfasert, sehr fein geflockt.
Fleisch: Jung fest, bald weich, schwammig, weißlich gelb, nur schwach blauend.
Geruch: Leicht obstartig.
Geschmack: Unauffällig, mild.
Zeitraum: Juli bis Oktober.
Vorkommen: In Laub- und Nadelwäldern, auf Lichtungen.
Wert: Guter Speisepilz.
Verwendung: Zu Mischgerichten, vor allem junge Pilze. Gut zu trocknen.
Verwechslung: Nicht mit giftigen Röhrlingen. Mit dem essbaren Rotfußröhrling.
Kommentar: Neigt mitunter zu Goldschimmel, ähnlich wie der Rotfußröhrling (siehe Seite 22) jedoch weit weniger häufig als dieser. Oft madig.

Rotfußröhrling

Xerocomus chrysenteron

Hut: ∅ 3–7 cm. Halbkugelig, matt samtig, dunkelgrau bis olivbraun. Später flacher, heller. Bei Trockenheit oft gefeldert aufgerissen und dort rötlich verfärbend. Huthaut nicht abziehbar.
Röhren: Jung fein, kräftig gelb, später gelbgrünlich mit groben, eckigen Poren. Auf Druck blaugrün verfärbend. Vom Fleisch ablösbar.
Stiel: Bis 7 cm lang. Dünn, oft verbogen. Oben gelb, zur Basis leicht bis stärker rot. Leicht feinflockig oder längs gefasert.
Fleisch: Sehr jung fest, dann weich. Hellgelb, unter der Huthaut rötlich. Beim Schneiden leicht blauend.
Geruch: Leicht obstartig.
Geschmack: Leicht säuerlich, mild.
Zeitraum: Juni bis November.
Vorkommen: In Laub- und Nadelwäldern. Ohne besondere Bodenansprüche. Sehr verbreitet.
Wert: Essbar, besonders junge Pilze.
Verwendung: Für Mischgerichte. Jung gut zu trocknen.
Verwechslung: Mit der essbaren Ziegenlippe. Der ungenießbare Schönfußröhrling hat dagegen einen deutlich helleren, nicht gerissenen Hut. Der ungenießbare Samtige Röhrling ist im Stiel genetzt, zur Stielbasis gelb und besitzt ebenfalls einen nicht gerissenen Hut.
Kommentar: Der Rotfußröhrling schimmelt sehr häufig schon jung bei Feuchtigkeit am Standort. Es handelt sich dabei um einen parasitären Schimmelpilz, der Goldschimmel genannt wird, und den Pilz ungenießbar macht. Oft madig.

Maronenröhrling

Xerocomus badius
(Braunhäuptchen, Tannenpilz, Marienpilz)

Hut: ∅ 4–15 cm. Jung halbkugelig, samtig matt, dunkelbraun, dann flacher und glatter. Im Alter polsterförmig und heller bis lederfarben. Bei Feuchtigkeit klebrig. Oft von Maden oder Schnecken angefressen.
Röhren: Jung fein, weißlich bis gelblich, später dunkelgelb bis oliv und gröber. Vom Fleisch leicht ablösbar. Auf Druck blaugrün anlaufend.
Stiel: 4–10 cm lang. Fest, dick, später dünner und oft verbogen. Heller als der Hut. Leicht bräunlich, längs gefasert, nicht genetzt. Zur Basis verjüngend.
Fleisch: Fest, saftig, im Alter weich.Weißlich bis hellgelb, an den Schnittstellen leicht blauend.
Geruch: Angenehm, leicht obstartig.
Geschmack: Mild, nussartig bis säuerlich.
Zeitraum: Juni bis November.
Vorkommen: In Nadelwäldern, meist unter Fichten und Kiefern, auf sauren Böden. Seltener in Laubwäldern. Sehr gesellig, oft in Familien.
Wert: Hervorragender Speisepilz.
Verwendung: Vielseitig verwendbar, ähnlich wie Steinpilz, jedoch nicht roh. Sehr gut zu trocknen. Ältere Röhren entfernen.
Verwechslung: Nur mit ähnlichen essbaren Röhrlingen. Der ungenießbare Gallenröhrling hat dagegen einen deutlich dunkel genetzten Stiel.
Kommentar: Ein Pilz mit sehr gutem Aroma, ähnlich dem Steinpilz. Jedoch stark umweltbelastet durch radioaktives Cäsium, daher wird ein Verzehr in Maßen angeraten.

Gallenröhrling

Tylopilus felleus
(Bitterpilz, Bitterling)

Hut: ⌀ 5–15 cm. Matt, hell lederfarben bis graubraun. Jung halbkugelig, später polsterförmig gewölbt bis flach oder nach oben gebogen. Nie angefressen von Maden oder Würmern.
Röhren: Jung weiß, fein, später blassrosa, sehr grobporig, im Alter gräulich. Ausgebuchtet vorstehend. Auf Druck rosabraun verfärbend.
Stiel: 7–12 cm lang. Fest, oliv-ockerfarben. Im oberen Teil etwas heller. Keulenförmig, gekrümmt. Deutliche dunkle Netzzeichnung.
Fleisch: Fest, weiß, nicht verfärbend, unter der Huthaut beigebräunlich.
Geruch: Schwach bis unangenehm.
Geschmack: Gallenbitter, beißend. Zum Test mit der Zungenspitze kurz an den Röhren testen.
Zeitraum: Juni bis Oktober.
Vorkommen: In Nadelwäldern, auf sauren Böden, selten in Mischwäldern. In manchen Jahren sehr häufig.
Wert: Verzehr nicht möglich, da sehr bitter. Bereits ein Pilz verdirbt ein ganzes Pilzgericht.
Verwechslung: Mit Steinpilz und Marone im Jugendstadium. Mit dem Birkenpilz.
Kommentar: Obwohl kaum giftig, meiden selbst Maden und Würmer den Gallenröhrling. Er wächst häufig an Stellen, an denen auch Steinpilze gedeihen.

Steinpilz

Boletus edulis
(Herrenpilz, Edelpilz)

Hut: ⌀ 8–20 cm. Hell- bis dunkelbraun, matt, feinsamtig, feucht klebrig, oft heller Rand. Jung halbkugelig, später flacher, wellig gewölbt. Oft von Schnecken löchrig angefressen.
Röhren: Jung weißlich, später gelbgrünlich. Am Stiel ausgebuchtet. Poren eng, nicht verfärbend.
Stiel: Bis 20 cm lang. Fest, jung bauchig, später keulig schlank,weißlich bis hell-bräunlich. Weißliche Netzzeichnung, besonders im oberen Teil.
Fleisch: Fest, später weich. Weiß, älter blassgelb und unter der Huthaut bräunlich.
Geruch: Angenehm nussartig.
Geschmack: Fein nussartig.
Zeitraum: Juli bis Oktober.
Vorkommen: In Laub- und Nadelwäldern, häufig unter Fichten, Buchen, Kiefern und Birken.
Wert: Einer der hochwertigsten Speisepilze. Für alle Zubereitungsarten vorzüglich geeignet.
Verwendung: Sehr vielseitig, frisch, eingefroren, getrocknet, auch roh und zum Einlegen. Ältere Röhren entfernen.
Verwechslung: Mit dem ungenießbaren, bitter schmeckenden Gallenröhrling, dessen Stiel jedoch dunkel und nicht hell genetzt ist. Mit dem essbaren Maronenröhrling, dessen Poren sich auf Druck blau verfärben.
Kommentar: Im Gegensatz zu vielen anderen Pilzen ist beim Steinpilz auch der Stiel besonders wertvoll. Alle Unterarten, Fichten-, Sommer- und Kiefern-Steinpilz sind gleichermaßen hochwertig. Schon junge Pilze sind oft madig.

Netzstieliger Hexenröhrling

Boletus luridus
(Donnerpilz)

Hut: ∅ 5–20 cm. Jung halbkugelig, leicht filzig, später gewölbt, flacher, olivbräunlich, gelbrötlich bis ziegelrot. Glatt ledrig, bei Trockenheit rissig, bei Feuchtigkeit klebrig.
Röhren: Gelb bis olivgrün, in der Mündung orange bis dunkelrot. Auf Druck stark blauend.
Stiel: Bis 14 cm lang. Fest, bauchig gedrungen, später länger und zur Basis keulenförmig, manchmal gebogen. Oben gelb, nach unten zunächst rot, im Alter schwarz genetzt. Im Längsschnitt an der Basis dunkelweinrot.
Fleisch: Fest, hellgelb, beim Anschnitt sofort blaugrün anlaufend.
Geruch: Unauffällig, schwach.
Geschmack: Mild bis leicht säuerlich.
Zeitraum: Juni bis Oktober.
Vorkommen: In Laubwäldern, an Böschungen.
Wert: Nur bedingt essbar. Roh giftig!
Verwendung: Zu Mischgerichten bei langer Garzeit (mindestens 20 Minuten!). Nicht in Verbindung mit Alkohol verzehren!
Verwechslung: Mit dem essbaren Flockenstieligen Hexenröhrling, der einen deutlich dunkleren, samtigen Hut und einen geflockten Stiel hat.
Kommentar: Wir raten von der Verwendung dieses Pilzes ab, da er bei manchen Menschen Verdauungsstörungen auslösen kann.

Genetzter Stiel.

Flockenstieliger Hexenröhrling

Boletus erythropus
(Schusterpilz, Gauklerpilz)

Hut: ∅ 6–20 cm. Jung halbkugelig, fein samtig, matt wie Wildleder, braun bis dunkelbraun. Später polsterförmig bis hochgebogen, leicht glänzend. Bei Feuchtigkeit klebrig.
Röhren: Eng, dicht, gelb mit roten Mündungen, oft zum Rand heller und gelb. Bei älteren Pilzen oranges Porenbild. Auf Druck stark dunkelblau verfärbend.
Stiel: 4–15 cm lang. Kräftig, sehr fest, dickbauchig, zur Basis keulig, dicht rot geflockt auf gelbem Grund, quergeschuppt, nicht genetzt. Auf Druck dunkelblau verfärbend.
Fleisch: Sehr fest, gelb, beim Anschnitt sofort stark blauschwarz verfärbend, später wieder verblassend. Im Alter weicher.
Geruch: Unbedeutend.
Geschmack: Unauffällig, säuerlich.
Zeitraum: Mai bis November.
Vorkommen: In Laub- und Nadelwäldern, auf kalkarmen Böden.
Wert: Sehr guter Speisepilz, kommt im Geschmack dem Steinpilz nahe. Guter Biss. Roh giftig!
Verwendung: Gut gekocht zu allen Speisen, zum Einlegen und Trocknen.
Verwechslung: Mit dem bedingt essbaren Netzstieligen Hexenröhrling, der aber am Stiel deutlich genetzt ist und einen heller lederfarbenen Hut hat. Andere rotporige Röhrlinge haben jeweils andersartige Erkennungsmerkmale. Der giftige Satansröhrling hat einen weißgrauen Hut.
Kommentar: Lange kochen, dabei geht die Blaufärbung zurück und wird appetitlich gelb. Selten madig.

Birkenpilz (gesch.)

Leccinum scabrum
(Birkenröhrling, Kapuziner)

Hut: ∅ 4–14 cm. Jung halbkugelig, später flacher, polsterartig, braun samtig bis grau ledrig, oder bräunlich bis fast weiß, manchmal aufgerissen. Glatt, kahl, bei Feuchtigkeit klebrig. Huthaut nicht abziehbar.
Röhren: Jung weißlich, dann gräulich werdend und stark kissenartig gewölbt. Jung dicht, später grob, nicht am Stiel angewachsen. Auf Druck bräunend, leicht vom Fleisch ablösbar.
Stiel: 4–15 cm lang. Holzig, faserig. Weißgrundig mit dunklen oder schwarzen Schuppen besetzt, oft in längsfaseriger Anordnung. Schlank, nach oben verjüngend, manchmal gebogen.
Fleisch: Weiß, dunkler werdend. Jung fest, dann weich. bei Regen vollgesogen. Auf Druck grauend.
Geruch: Schwach, angenehm.
Geschmack: Schwach, angenehm.
Zeitraum: Juni bis Oktober.
Vorkommen: Unter Birken oder in deren Nähe. In Heidelandschaften.
Wert: Jung guter Speisepilz. Alt oft zu wässrig. Roh eventuell giftig. Stiele zäh, nur jung verwertbar. Röhren sind meist zu entfernen.
Verwendung: Jung vielseitig zu verwenden. Stiele für Pilzpulver.
Verwechslung: Mit essbaren Rotkappen. Der ungenießbare Gallenröhrling hat einen deutlich genetzten Stiel und ist meist bauchig.
Kommentar: Die Birkenpilze gehören zur Gruppe der Rauhfüße und sind essbar. Ihr Fleisch wird beim Kochen grau, was jedoch für den Geschmack ohne Bedeutung ist. Unterschiedliche Hutfarben sind standortbedingt.

Rotkappe (gesch.)

Leccinum testceoscabrum,
L. versipelle
(Rothäuptchen, Rotkäppchen)

Hut: ⌀ 4–20 cm. Jung fast kugelig, rotbraun bis ziegelrot. Huthaut filzig matt. Dann flacher, breiter, orange bis braun-gelb. Trocken teilweise leicht körnig, bei Feuchtigkeit klebrig. Huthaut leicht fransig überstehend, nicht abziehbar, bei jungen Exemplaren fest am Stiel.
Röhren: Jung weißgräulich, sehr dicht, später grau bis ocker. Polsterartig schwammig, vom Stiel abgesetzt. Auf Druck kaum verfärbend.
Stiel: 6–20 cm lang. Fest, weißgrundig mit dichten, rauhen, rotbraunen oder schwarzen Schuppen. Auf Druck blaugrün schwärzend. Im Alter weich und faserig.
Fleisch: Weiß, jung fest, später weicher. Beim Anschnitt graublau bis schwarz anlaufend.
Geruch: Schwach.
Geschmack: Schwach.
Zeitraum: Juni bis Oktober.
Vorkommen: Rotkappen leben in Symbiose mit Bäumen (Mykorrhizabildner). Espen-R., Eichen-R., Birken-R., Kiefern-R., jeweils unter den Bäumen, deren Namen sie tragen.
Wert: Jung sehr guter Speisepilz. Roh möglicherweise giftig. Ältere Pilze manchmal zu weich.
Verwendung: Geeignet für viele Gerichte. Sehr ergiebig. Verfärbt sich beim Kochen und Einfrieren grau bis schwarz. Röhren bei älteren Exemplaren entfernen.
Verwechslung: Nicht mit Giftpilzen.
Kommentar: Rotkappen gehören – wie auch Birkenpilze – zur Gruppe der Rauhfüße. Alle Rauhfüße sind essbar. Selten madig.

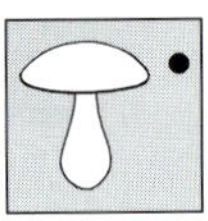

Spitzbuckliger Schirmling

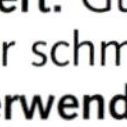

Safran-Schirmling

Spitzbuckliger Schirmling

Macrolepiota mastoidea
(Warzen-Schirmling)

Hut: ∅ 8–14 cm. Erst eiförmig, dann halbkugelig glockig, später flach ausgebreitet, mit bräunlichem brustwarzenähnlichem Buckel. Mit feinen schorfigen Schuppen sternförmig besetzt.
Lamellen: Weiß bis cremefarben, alt dunkler, dicht gedrängt, frei.
Stiel: 8–15 cm lang. Weißlich, gelbbraun geschuppt, mit weißem Ring, jung angewachsen, im Alter verschiebbar. Faserig hohl. Basis verdickt.
Fleisch: Dünn, weich, weiß, nicht rötend.
Geruch: Schwach.
Geschmack: Schwach.
Zeitraum: August bis Oktober.
Vorkommen: In Laub-, selten in Nadelwäldern. Oft unter Buchen.
Wert: Guter Speisepilz, jedoch weniger schmackhaft als der Parasol.
Verwendung: Wie Parasol. Stiele entfernen, sie sind zäh.
Verwechslung: Mit nicht essbaren Schirmlingen, die aber meist kleiner sind, unangenehm riechen und keinen oder keinen verschiebbaren Ring haben.
Kommentar: Kein sehr häufig vorkommender Pilz.

Parasol

Macrolepiota procera
(Großer Riesenschirmling)

Hut: ∅ 6–30 cm. Jung kugelförmig, später gewölbt bis flach, mit kleinem dunklem Spitzbuckel. Hell beigegraue bis bräunliche, sparrig faserige, dachziegelähnlich abstehende Schuppen auf hellem Grund.
Lamellen: Weißlich, dicht stehend, frei, etwas ausgebuchtet, bauchig.
Stiel: 10–40 cm lang. Deutlich dunkel geflockt bis genattert auf hellem Grund. Doppelschichtiger, flockiger Ring, verschiebbar. Längsfaserig, zäh, hohl. Basis knollig.
Fleisch: Dünn, weich, weiß, im Stiel äußerst zäh, weiß bleibend.
Geruch: Angenehm süßlich.
Geschmack: Nussartig.
Zeitraum: Juli bis November.
Vorkommen: In Laub- und Nadelwäldern, an Wald- und Wegrändern, auf Lichtungen. Oft massenhaft, auch in Ringen.
Wert: Vorzüglicher Speisepilz.
Verwendung: Vielseitig, auch zum Einfrieren. Jung als Mischpilz. Flache Hüte paniert als Pilzschnitzel. Stiele getrocknet für Pilzpulver.
Verwechslung: Mit ungenießbaren Schirmlingen, die aber einen nicht verschiebbaren Ring haben. Der essbare Safranschirmling gilt roh als giftig und wird rötlich beim Anschnitt. Immer Ring beachten!
Kommentar: Es gibt an die 50 Schirmpilz-Arten, davon etwa 12 Riesenschirmlinge. Der Parasol ist der häufigste und bekannteste unter den Schirmlingen.

Stink-Schirmling

Lepiota cristata
(Kamm-Schirmling)

Hut: ⌀ 2–5 cm. Anfangs glockig, dann ausgebreitet und wellig mit stumpfem rötlich braunem Buckel, sonst rotbräunlich, konzentrisch geschuppt auf weißem Grund.
Lamellen: Weiß, später dunkel werdend, dicht, frei.
Stiel: 3–5 cm lang. Glatt, glänzend, weiß bis hell-rötlich, mit dünnem, nicht verschiebbarem, vergänglichem Ring.
Fleisch: Dünn, weiß.
Geruch: Unangenehm bis stechend.
Geschmack: Unauffällig bis angenehm.
Zeitraum: Juli bis Oktober.
Vorkommen: In Laub- und Nadelwäldern, an Wegrändern, auf grasigen Böden. Häufig.
Wert: Ungenießbar bis schwach giftig.
Verwendung: Nicht zum Verzehr geeignet.
Verwechslung: Mit nicht essbaren Schirmlingen.
Kommentar: Schon der Geruch hält vom Verzehr ab. Der größere Spitzschuppige Schirmling heißt oft auch Großer Stink-Schirmling und ist wie der Gelbbraune Schirmling ebenfalls giftig.

Seidiger Egerlingsschirmling

Leucoagaricus holosericeus

Hut: ⌀ 4–10 cm. Jung halbkugelig, dann breit gewölbt. Weiß, in der Mitte oft gelblich beige. Huthaut kahl oder fein schorfig.
Lamellen: Dicht, weiß bleibend, nicht am Stiel angewachsen.
Stiel: 6–12 cm lang. Weiß, im Alter gilbend, zylindrisch bis leicht keulig. Deutlicher dünner Ring.
Fleisch: Weiß, auf Druck leicht gilbend. Im Alter gräulich verfärbend.
Geruch: Unauffällig bis angenehm.
Geschmack: Mild.
Zeitraum: Juni bis November.
Vorkommen: An Waldrändern, auf Lichtungen, Wiesen, in Parkanlagen. In manchen Jahren häufig.
Wert: Guter Speisepilz.
Verwendung: Zu Mischgerichten und Suppen.
Verwechslung: Mit dem tödlich giftigen weißen Knollenblätterpilz, dem essbaren Rosablättrigen Egerlingsschirmling und essbaren Champignons, die rosa bis braune Lamellen haben.
Kommentar: Achtung! Der Pilz sieht aus wie ein Champignon mit weißen Lamellen, riecht aber nicht nach Anis.

Karbol-Champignon

Agaricus xanthoderma
(Karbol-Egerling)

Hut: ∅ 5–12 cm. Erst halbkugelig oder abgestutzt kegelförmig, später flach ausgebreitet. Glatt oder leicht schuppig. Weiß oder schmutzigweiß, auf Druck verzögert chromgelb färbend, später graubraun verfärbend.
Lamellen: Dicht, frei, erst weißlich, dann graurosa, im Alter graubraun.
Stiel: 5–15 cm lang. Schlank, zylindrisch, oft leicht gebogen mit weißem festem oder doppeltem Ring. An der Basis knollig verdickt. Dei Druck oder Anschnitt an der Basis chromgelb verfärbend.
Fleisch: Weiß, leicht gilbend, besonders an der Stielbasis.
Geruch: Unangenehm nach Karbol, Tinte oder Krankenhaus.
Geschmack: Unangenehm (nicht probieren!).
Zeitraum: Juni bis Oktober.
Vorkommen: In Laubwäldern, an Waldrändern, auf Lichtungen und Wiesen, in Parkanlagen.
Wert: Giftig! Der Karbolgeruch verstärkt sich beim Kochen, sodass ein Verzehr schon deshalb kaum möglich ist.
Verwendung: Keine!
Verwechslung: Mit essbaren Champignons, deren gelbliche Verfärbung auf Druck jedoch direkt und dauerhaft eintritt.
Kommentar: Die chromgelbe Verfärbung und den Geruch beachten.

Anis-Champignon

Agaricus arvensis
(Weißer Anis-Egerling, Schaf-Champignon)

Hut: ⌀ 8–20 cm. Jung kugelig, später gewölbt, alt flach, meist glatt, mattseidig glänzend. Weiß bis gelblich, auf Druck gelbfärbend. Huthaut abziehbar.
Lamellen: Frei, dicht, erst blass graurosa, später braun, alt schwarz.
Stiel: 6–15 cm lang. Fest, schlank, im Alter hohl, nach unten keulig, weiß bis gelblich, auf Druck gilbend. Manschette hängend, zweischichtig, Rand gezackt.
Fleisch: Weiß, dick, fest, gelblich bis rötlich schimmernd.
Geruch: Stark nach Anis.
Geschmack: Angenehm würzig, pilztypisch.
Zeitraum: Juni bis Oktober.
Vorkommen: Gehäuft in Laub- und Nadelwäldern, an Waldrändern und in Parks.
Wert: Hervorragender Speisepilz.
Verwendung: Vielseitig. Auch roh für Salate oder Carpaccio.
Verwechslung: Mit dem Giftigen Karbol-Egerling, der jedoch unangenehm nach Karbol riecht und an der Stielbasis chromgelb anläuft. Mit den sehr giftigen Knollenblätterpilzen, die jedoch immer reinweiße Lamellen und eine Knolle haben und nicht nach Anis riechen. Mit essbaren Champignons.
Kommentar: Der Anis-Champignon gilt als der Beste unter den Champignons. Leider ist er teilweise mit Cadmium belastet. Bei Anschnitt der Stielbasis nicht chromgelb verfärbend. Besonders madenanfällig. Der Anisgeschmack verstärkt sich bei tiefgefrorenen Pilzen.

Wiesen-Champignon

Agaricus campestris
(Feld-Egerling)

Hut: ∅ 3–10 cm. Jung kugelig, später gewölbt bis flach. Weiß, glatt, faserig, leicht schuppig. Huthaut leicht abziehbar, seidig matt, später vom Rand her bräunlich.
Lamellen: Dicht, frei, jung rosa, später braun.
Stiel: 3–8 cm lang. Weißlich, an der Basis oft dünner werdend, auch keulig. Manschette dünn, kaum vorhanden.
Fleisch: Fest, weiß bis leicht rosa im Anschnitt.
Geruch: Angenehm pilzig, anisartig.
Geschmack: Angenehm.
Zeitraum: Juni bis Oktober.
Vorkommen: Auf Wiesen, Feldern, Weiden, in Parks und Gärten. Oft sehr zahlreich.

Wert: Hervorragender Speisepilz.
Verwendung: Für fast alle Zubereitungsarten geeignet. Weniger zum Trocknen. Einer der wenigen Pilze, die auch roh zum Verzehr geeignet sind (Salate).
Verwechslung: Mit dem giftigen Karbol-Champignon, der sich jedoch vor allem an der Basis stark chromgelb verfärbt. Mit den sehr giftigen Knollenblätterpilzen, die jedoch eine Knolle und schneeweiße Lamellen haben. Mit essbaren Champignons.
Kommentar: Der Wiesen-Champignon gedeiht besonders bei feuchtwarmer Witterung. Er ist wesentlich schmackhafter als der Zuchtchampignon.

Wald-Champignon

Agaricus silvaticus
(Echter Wald-Egerling, Blut-Egerling)

Hut: ∅ 5–10 cm. Zunächst kugelig, dann gewölbt glockig, später flach mit konzentrisch dunklen, faserigen Schuppen auf hellem Grund. Am Rand oft heller.
Lamellen: Erst blassrosa, später bräunlich bis schwarzbraun, gedrängt, dünn, frei.
Stiel: 5–10 cm lang. Schlank, zur Basis keulig, oft knollig verdickt, weiß oder bräunlich schuppig-flockig, Manschette herabhängend.
Fleisch: Dünn, weiß, sich beim Anschneiden lachs- bis weinrot verfärbend.
Geruch: Angenehm, schwach nach frischem Holz, anisartig.
Geschmack: Angenehm.
Zeitraum: Juli bis Oktober.
Vorkommen: In Nadelwäldern unter Fichten, auch in der Nähe von Buchen, auf Kalkböden.
Wert: Sehr aromatischer Speisepilz. Hut sehr dünnfleischig, daher nicht sehr ergiebig.
Verwendung: Als Mischpilz. Zum Trocknen ungeeignet, da dünnfleischig.
Verwechslung: Mit anderen essbaren Champignons. Weniger mit dem seltenen und giftigen Perlhuhn-Champignon, der nicht rötet, sondern sich an der Basis gelb verfärbt.
Kommentar: Typisches Erkennungszeichen ist die Rotfärbung nach Anschneiden des Hutes oder Stiels. Die Manschette löst sich spät vom Hut. Die Stiele von älteren Exemplaren sind oft zäh.

Grüner Knollenblätterpilz

Knollenblätterpilze

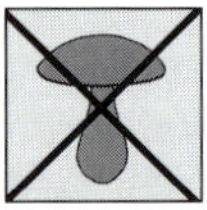

Gelber K., Narzissengelber K., Kegelhütiger K., Weißer und Grüner K.

Amanita citrina, A. gemmata, A. virosa, A. phalloides

Hut: Jung eiförmig geschlossen, später gewölbt, glockig kegelig bis ausgebreitet.
Gelber K.: ⌀ 4–10 cm. Zitronen- bis hell giftgelb, mit gelbgrünlichen Velumresten, ungerieft.
Narzissengelber K.: ⌀ 3–9 cm. Wachsgelb bis hell ocker, mit weißen Velumresten, Rand heller und gerieft.
Weißer K., Kegelhütiger K.: ⌀ 4–8 cm. Kaltweiß, ohne Velumreste an der Oberseite, feucht klebrig, trocken glatt, glänzend, ungerieft.
Grüner K.: ⌀ 5–15 cm. Gelb weißlich bis grünoliv oder dunkelbräunlich oliv. Radial gefasert, ungerieft, selten mit Velumresten. Meist kahl. Feucht klebrig, trocken seidig glänzend.
Lamellen: Kalt weiß, sehr selten gelblich, frei, dicht.
Stiel: 7–12 cm lang.
Gelber K.: Schlank, weiß bis hellgelb, oberhalb des Rings fein längsgerieft.
Narzissengelber K.: Weißlich geschuppt. Ring schwach vergänglich.

Gelber Knollenblätterpilz

<u>Weißer K.</u>: Schlank, weiß, leicht schuppig, faserig flockig mit dünnem, vergänglichem Ring.
<u>Grüner K.</u>: Leicht grünlich genattert, selten hell, Ring leicht gerieft.

> **Für alle Arten gilt:** Deutlich gerandete Knolle mit sichtbarer Scheide, meist in der Erde verborgen.

Fleisch: Weiß, weich.
Geruch: Süßlich.
Geschmack: Darf nicht probiert werden!!
Zeitraum: Juli bis Oktober, einzelne Arten schon früher (Narzissen- und Frühlings-K.).
Vorkommen: In Laub- und Mischwäldern.
Wert: Giftig bis tödlich giftig!!
Verwendung: Keine!!
Verwechslung: Junge Weiße Knollenblätterpilze ähneln manchmal Champignons, die aber rosa bis braune Lamellen haben. Grüne Knollenblätterpilze können Täublingen oder Reifpilzen ähnlich sehen. Narzissengelbe K. werden häufig mit Scheidenstreiflingen verwechselt.
Kommentar: Fast alle Knollenblätterpilze sind tödlich giftig. Der Grüne und der Kegelhütige K. gehören zu den gefährlichsten Giftpilzen überhaupt. Es ist unwesentlich, dass der »Gelbe Knolli« nur schwach giftig ist, denn dieser ist wiederum der gelben Unterart des Grünen K. sehr ähnlich. (siehe auch das Kapitel »Pilzgifte«).

> Der Wurm- oder Schneckenbefall darf keinenfalls ein Zeichen für die Essbarkeit des Pilzes sein!

Weisser Knollenblätterpilz

Narzissengelber Knollenblätterpilz

Grüner Knollenblätterpilz

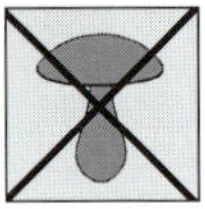

Fliegenpilz
Amanita muscaria

Hut: ∅ bis 20 cm. Erst kugelig geschlossen, später gewölbt. Im Alter flach. Leuchtend rot, orange oder gelb bis braun, mit kräftig weißen Hautschuppen wie Flocken, die selten auch fehlen. Jung glatter Rand, später gerieft. Unter der Huthaut gelb.
Lamellen: weiß.
Stiel: 3–20 cm lang. Weiß, Manschette weiß, groß, gerieft. Deutliche Knolle, an der Basis wulstig gerandet mit Warzen, ohne Scheide.
Fleisch: Weiß, unter der Huthaut gelb.
Geruch: Schwach, unauffällig.
Geschmack: Angenehm.
Zeitraum: Juli bis Oktober.
Vorkommen: In Nadel und Laubwäldern sehr verbreitet, besonders unter Fichten, Kiefern und Birken. Auf sauren Böden. Oft in Ringen.
Wert: Giftig!
Verwendung: Keine.
Verwechslung: Sehr jung mit dem essbaren Kaiserling, der aber beim Aufschneiden gelbes Fleisch aufweist.
Kommentar: Die verbreitete Meinung, der Fliegenpilz sei nach Wegschütten des Kochwassers entgiftet, ist falsch! Sein Verzehr erzeugt zunächst Rauschzustände, Übelkeit, später Sehstörungen, Atemnot und Tobsuchtsanfälle.

Perlpilz

Amanita rubescens
(Rötender Wulstling)

Hut: ∅ 4–15 cm. Jung kugelig geschlossen, dann halbkugelig, später gewölbt bis flach. Weißrosa bräunlich, mit Hautfetzen (Schüppchen, Perlen) auf der Huthaut. Rand jung ungerieft, im Alter selten gerieft. Huthaut abziehbar.
Lamellen: Weiß, rot fleckig, frei.
Stiel: 5–15 cm lang. Weißrosa, faserig, an der Basis glatt, knollig, geriefte Manschette, ohne Scheide.
Fleisch: Weiß-rosa bis stellenweise rot. Ältere Exemplare sehr oft madig.
Geruch: Unauffällig.
Geschmack: Erst mild, später beißend.
Zeitraum: Juni bis Oktober.
Vorkommen: In Laub- und Nadelwäldern.
Wert: Roh giftig! Gekocht wohlschmeckend.
Verwendung: Zu Mischgerichten. Huthaut unbedingt abziehen. Gut erhitzen (mindestens 10 Minuten).
Verwechslung: Mit dem sehr giftigen Pantherpilz (ungeriefte Manschette, geriefter Hutrand). Mit dem essbaren Grauen Wulstling (geriefte Manschette, ungeriefter Hutrand.
Kommentar: Der Perlpilz ist ein sehr bekannter Speisepilz. Er ist deutlich unterscheidbar durch die rosa und rötliche Farbe von Hut, Stiel und Lamellen. Vorsicht! Sehr junge Exemplare sind nur schwer bestimmbar und daher nur von guten Pilzkennern zu sammeln.

Pantherpilz

Amanita pantherina
(Panther-Wulstling)

Hut: ⌀ 4–10 cm. Jung kugelig geschlossen, dann halbkugelig, später gewölbt bis flach. Grau bis braun oder ocker olivbraun, mit weißen Hautschuppen oder Flocken. Rand im Alter meist gerieft.
Lamellen: Weiß, frei, weich, dicht.
Stiel: 5–12 cm lang. Feingefasert oder zartgeflockt. Weiß, breite nicht geriefte Manschette. Knolle deutlich wulstig mit Scheide, gerandet, mit mehreren Hautringen darüber. Im Alter hohl.
Fleisch: Weiß, weich, nicht rötend wie beim Perlpilz.
Geruch: Leicht nach Rettich oder Rüben.
Geschmack: Mild (nicht probieren!).
Zeitraum: Juli bis Oktober.
Vorkommen: In Laub- und Nadelwäldern, auf Sandböden.
Wert: Sehr giftig!
Verwendung: Keine.
Verwechslung: Mit essbaren Wulstlingen (Perlpilz, Grauer Wulstling).
Kommentar: Bei einer Vergiftung sind die Symptome ähnlich wie beim Fliegenpilz, aber stärker ausgeprägt.

Achtung: Die nicht geriefte Manschette und die deutlich gerandete, wulstige Knolle mit Scheide beachten!

Wulstige Knolle mit Scheide.

Grauer Wulstling

Amanita excelsa, A. spissa
(Gedrungener Wulstling)

Hut: ∅ bis 15 cm. Jung halbkugelig, später konvex bis flach. Grau bis dunkel grau-braun, mit weißen, oft größeren Hautschuppen. Ungeriefter Rand.
Lamellen: Weiß, frei. weich.
Stiel: 8–12 cm lang. Weiß oder leicht gräulich, Manschettenring breit anliegend, deutlich fein gerieft. Glatter Knollenübergang. Knolle ungerandet, ohne Scheide, mit Warzen besetzt.
Fleisch: Weiß, nicht rosa, eher leicht bräunlich.
Geruch: Leicht rüben- oder rettichartig.
Geschmack: Zunächst mild, später kratzend.
Zeitraum: Juli bis Oktober.
Vorkommen: In Nadelwäldern, vor allem unter Fichten.
Wert: Gering. Nicht roh verzehren! Gekocht essbar. Huthaut abziehen.
Verwendung: Zu Mischgerichten. Gut und lange erhitzen.
Verwechslung: Mit dem sehr giftigen Pantherpilz. Dieser hat aber eine ungeriefte Manschette, einen geriefder Hutrand und keine glatte, sondern eine Wulstknolle.
Kommentar: Auch für erfahrene Pilzkenner ist der Graue Wulstling – besonders als junger Pilz – aufgrund der starken Ähnlichkeit zum Pantherpilz oft schwer zu bestimmen. Im Zweifelsfall sollte man immer verzichten.

Scheidenstreifling

Amanita crocea, A. vaginata
(Safranstreifling)

Hut: ∅ 4–10 cm. Jung eiförmig, später gewölbt, glockig bis gebuckelt, ausgebreitet flach. Orangegelb bis goldbraun, grau oder zweifarbig, mit hellerem deutlich gerieftem Rand. Glatt, glänzend, selten mit Hüllresten.
Lamellen: Weiß, cremefarben, dicht
Stiel: 10–15 cm lang. Nach oben verjüngt. Innen weiß, hohl, ohne Ring, flockig bis genattert mit deutlich gerandeter Knolle an der Basis.
Fleisch: Dünn, brüchig, weißlich.
Geruch: Schwach süßlich.
Geschmack: Sehr angenehm, nussartig.
Zeitraum: Juni bis November.
Vorkommen: In Laub- und Nadelwäldern.
Wert: Sehr guter Speisepilz. Roh schwach giftig.
Verwendung: Für Suppen und Mischgerichte. Gut kochen!
Verwechslung: Mit anderen, größtenteils giftigen Wulstlingen wie Knollenblätterpilz, Pantherpilz oder bräunlichem Fliegenpilz, die jedoch alle keinen so deutlich gerieften Hutrand und einen Ring haben.
Kommentar: Der Scheidenstreifling darf nur von erfahrenen Pilzkennern gesammelt werden. Es gibt neben etlichen Farbvarianten dieser Art noch die kräftigeren Doppelscheidigen Streiflinge, die an der Basis mehrere Vulvazonen aufweisen und teilweise ungenießbar, aber nicht ernsthaft giftig sind.

Mohrenkopf

Lactarius lignyotus
(Schwarzkopfmilchling, Schornsteinfeger)

Hut: ⌀ 2–7 cm. Erst kugelig mit eingerolltem Rand, später flacher gewölbt bis ausgebreitet, mit kleinem Nabel oder Buckel. Dunkel bis schwarzbraun, samtig, trocken, manchmal grubig gerunzelt.
Lamellen: Dünn gedrängt, weiß, im Alter gelblich cremefarben. Bei Verletzung roströtlich verfärbend. Nur wenig wässrig-weiße Milch absondernd.
Stiel: 5–12 cm lang. Schlank, voll, im Alter hohl, leicht keulig. Braun samtig wie der Hut, oben längsrillig. Basis blasser.
Fleisch: Weiß, verfärbt sich beim Anschneiden rosa bis lachsfarben.
Geruch: Schwach.
Geschmack: Mild im Fleisch, Milch leicht bitter.
Zeitraum: August bis Oktober.
Vorkommen: In Fichtenwäldern, auf sauren Böden.
Wert: Wohlschmeckender Speisepilz.
Verwendung: Zu Mischgerichten.
Verwechslung: Kaum zu verwechseln. Der ungenießbare Pechschwarze Milchling hat scharfe, der Rußige Milchling bittere Milch.
Kommentar: Den Geschmack der Milch beachten!

Fichten-Reizker

Lactarius deterrimus
(Fichten Blut-Reizker,
Bitterer Milchling)

Hut: ∅ 3–10 cm. Rand jung eingerollt, später flachtrichterig. Gelb bis orangerot, oft undeutlich oder stark gezont.
Lamellen: Dicht herablaufend, blassorange, im Alter grüngefleckt.
Stiel: 4–10 cm lang. Dick, innen weiß, hohl. Oft grubig gefleckt.
Fleisch: Blass gelblich, brüchig, Milch zunächst karottenrot, dann weinrot verfärbend, später grünend.
Geruch: Obstartig.
Geschmack: Bitterlich.
Zeitraum: August bis Oktober.
Vorkommen: Unter Fichten. Selten auch unter Kiefern. Oft in gößeren Mengen.
Wert: Essbar.
Verwendung: Zum Braten gut geeignet.
Verwechslung: Mit dem giftigen Birken-Reizker, der jedoch weiße Milch absondert. Mit anderen essbaren rotblutenden Reizkern und dem essbaren Echten oder Edel-Reizker, dessen Milch sich jedoch nicht weinrot verfärbt.
Kommentar: Der bittere Geschmack verliert sich beim Erhitzen. Dieser Milchling ist weniger hochwertig als der Edel-Reizker, obwohl äußerlich sehr ähnlich. Früher wurden diese beiden Arten nicht unterschieden.

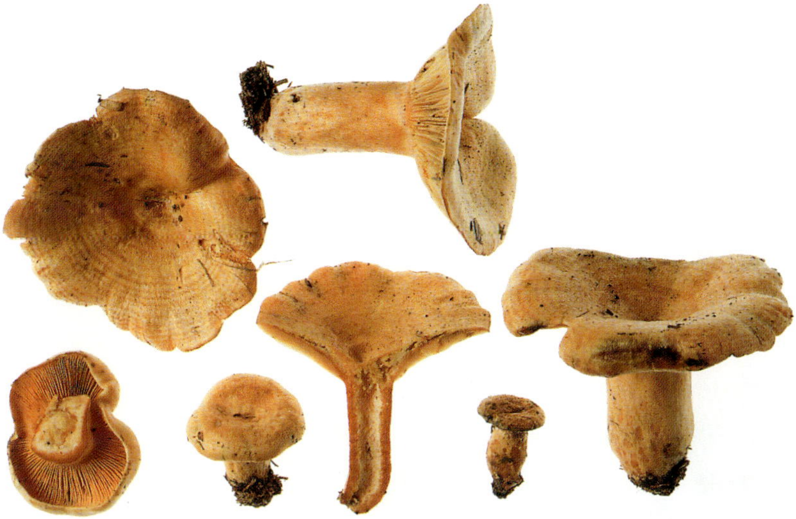

Edel-Reizker

Lactarius deliciosus
(Echter Reizker, Blut-Reizker)

Hut: ∅ 5–12 cm. Trichterförmig, Rand in der Jugend eingerollt, später flach bis lappig. Orangerot, im Alter grünlichtürkis, kreisförmig dunkel und breit gezont, leicht schmierig bei Feuchtigkeit. Im Alter oft grün gefleckt.
Lamellen: Orangegelb bis ockerfarben leicht herablaufend, dicht, brüchig bei Druck und im Alter grünend.
Stiel: 4–9 cm lang. Dick orange, dunkel, meist grubig gefleckt, brüchig, innen weiß bis hellorange, sehr bald hohl. Oft madig.
Fleisch: Blassorange, an Schnittstellen austretende Milch karottenrot, nicht weinrot werdend, erst später graugrünlich verfärbend.
Geruch: Würzig, obstartig.
Geschmack: Angenehm bis herb.
Zeitraum: August bis Oktober.
Vorkommen: Unter Kiefern, auf Kalkböden.
Wert: Einer der wertvollsten Speisepilze.
Verwendung: Gebraten als Schnitzel, tiefgefroren, blanchiert zum Einlegen, zu Salaten oder Vorspeisen.
Verwechslung: Mit dem giftigen Birken-Reizker, der jedoch unter Birken wächst, zottig ist und weißen Milchsaft absondert. Mit anderen essbaren Reizkern (Fichten-, Lachsreizker).
Kommentar: Der Beste unter den Milchlingen. Eine schnelle Verwertung ist ratsam, da er nach einiger Zeit sein appetittliches Aussehen verliert.

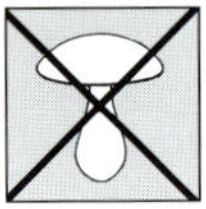

Birken-Reizker

Lactarius torminosus
(Zottiger Reizker, Birken-Milchling, Gift-Reizker)

Hut: ⌀ 4–12 cm. Am Rand zottig, jung stark eingerollt, später flach trichterförmig. Gelbrosa, später ausblassend, dunkelrosa gezont, filzig.
Lamellen: Etwas herablaufend, blass fleischrosa, heller als der Hut, engstehend, dünn, am Stielansatz gegabelt.
Stiel: 3–9 cm lang. Blassrosa, glatt, schwach gegrubt, anfangs voll, später hohl, mürbe.
Fleisch: Weiß bis rosa, brüchig, spröde. Sondert bei Verletzung reichlich weißen Milchsaft ab, der sich farblich nicht verändert.
Geruch: Schwach.
Geschmack: Brennend scharf, vor allem der austretende weiße Milchsaft.

Zeitraum: Juli bis Oktober.
Vorkommen: Unter Birken. Gesellig.
Wert: Ungenießbar bis leicht giftig.
Verwendung: Zählt bei uns nicht zu den Speisepilzen.
Verwechslung: Mit anderen essbaren Reizkern, die jedoch rötliche Milch absondern.
Kommentar: In Osteuropa wird der Birken-Reizker noch zum Einlegen in Essig oder zum Einsalzen verwendet, dann aber sehr lange gekocht und das Kochwasser abgegossen.

Bruch-Reizker

Lactarius helvus
(Maggipilz, Gewürz-Reizker, Filziger Milchling)

Hut: ∅ 4–14 cm. Erst flach mit eingerolltem Rand, später breit bis trichterförmig, wellig, oft mit kleinem Buckel. Gelb- bis graurötlich zimtfarben, Mitte manchmal dunkler. Feinschuppig, leicht filzig, trocken. Nicht oder selten schemenhaft gezont.
Lamellen: Dicht, dünn, erst blass, dann rötlich ockerfarben. Leicht am Stiel herablaufend und klaren Milchsaft absondernd.
Stiel: 5–10 cm lang. Zylindrisch bis leicht keulig, hohl. Rötlich ockerfarben oder dunkler. An der Basis leicht flaumig.
Fleisch: Blass gelblich, spröde, im Alter mürb.
Geruch: Riecht nach Maggi, besonders getrocknet.
Geschmack: Mild oder leicht bitter.
Zeitraum: Juli bis November.
Vorkommen: In Nadelwäldern, Moor- und Heidelandschaften. Selten in trockenen Laubwäldern.
Wert: Gering, da leicht giftverdächtig.
Verwendung: Nur in kleinen Mengen als Würzpilz zu Mischgerichten. Getrocknet als Pilz-Maggi-Pulver.
Verwechslung: Mit ähnlichen Milchlingen, die ebenso nur bedingt essbar oder ungenießbar sind.
Kommentar: Dieser Milchling sondert keine Milch ab, sondern einen klaren Saft, der nach Liebstöckel oder Maggi riecht. Höchstens einzelne Exemplare verwenden.

Wolliger Milchling

Lactarius vellereus
(Erdschieber)

Hut: ⌀ 6–20 cm. Jung gewölbt, bald ausgebreitet, wellig trichterförmig mit eingerolltem Rand, im Alter flatterig. Weiß, später gelbbraun fleckig, oft mit Laubresten bedeckt (Erdschieber). Huthaut trocken, fein, filzig.
Lamellen: Entfernt, dick, etwas brüchig, weiß bis gelblich fleckig. Leicht am Stiel herablaufend und oft gegabelt. Bei Verletzung Milch absondernd.
Stiel: Kurz, 2–6 cm. Voll, weiß, feinfilzig.
Fleisch: Derb, fest, weiß.
Geruch: Unbedeutend.
Geschmack: Scharf im Fleisch. Die Milch schmeckt mild.
Zeitraum: August bis November.
Vorkommen: In Laub- und Mischwäldern, vor allem unter Rotbuchen und Eichen. Sehr häufig.
Wert: Ungenießbar, bitter.
Verwendung: Kein Verzehr!
Verwechslung: Mit einigen ähnlichen, nicht essbaren Milchlingen. Mit dem essbaren Gemeinen Weiß-Täubling, der jedoch keine Milch absondert.
Kommentar: Früher wurde der Pilz, nach reichlicher Vorbehandlung, vor allem in östlichen Ländern gegessen. Er tritt häufig in Massen auf, man sollte sich aber nicht von dem schönen weißen Anblick verführen lassen. Vom Verzehr ist abzuraten, da er auch lange gekocht leicht bitter bleibt.

Breitblättriger Holzrübling

Megacollybia platyphylla
(Breitblattrübling)

Hut: ⌀ 5–15 cm. Anfangs gewölbt, später stark ausgebreitet, farblich variierend von fast weiß bis dunkel graubraun. Radial faserig, oft stark eingerissen, so dass das weiße Hutfleisch sichtbar wird. Mitte oft dunkler oder heller. Kahl, glänzend, oft lappig.
Lamellen: Hell, fast weiß, entfernt stehend, ausgebuchtet.
Stiel: 5–12 cm lang. Zylindrisch, hell- bis beigegrün werdend, längsrillig. Aufgeschnitten längsfaserig, im Alter hohl. An der Basis mit Myzelresten.
Fleisch: Dünn, weiß.
Geruch: Schwach.
Geschmack: Leicht bitter.
Zeitraum: April bis Oktober.
Vorkommen: Auf morschen Laubbäumen oder Baumstümpfen, selten auf Nadelhölzern. Ohne besondere Bodenansprüche. Sehr häufig.
Wert: Nicht essbar, schwach giftig.
Verwechslung: Durch sein variierendes Aussehen mit anderen Rüblingen oder Ritterlingen.
Kommentar: Der Breitblättrige Holzrübling ist sehr verbreitet. Man trifft ihn häufig auch in Wäldern an, in denen nur wenige oder gar keine anderen Pilze wachsen.

Waldfreundrübling

Collybia dryophila

Hut: ∅ 2–6 cm. Jung gewölbt eingerollt, später flach, oft wellig. In der Farbe variierend, von weißlich über gelb oder ocker bis zu rotbräunlich oder braun. Mitte dunkler, hygrophan, glatt, glänzend, selten gerieft.
Lamellen: Sehr gedrängt, kurz am Stiel angewachsen, weißlich gelb. Oft von kleinen Insekten besetzt.
Stiel: 3–10 cm lang. Dünn, zäh, kahl, gelb bis bräunlich, an der Basis leicht filzig.
Fleisch: Dünn, hell, gelblich.
Geruch: Mild, angenehm.
Geschmack: Mild, angenehm.
Zeitraum: Mai bis Oktober.
Vorkommen: In Laub- und Nadelwäldern.
Wert: Essbar, wird nicht von allen Menschen gleich gut vertragen.
Verwendung: Zu Mischgerichten. Nur die Hüte verwenden, die Stiele sind zäh.
Verwechslung: Mit dem giftigen Striegeligen Rübling, der jedoch nach Kohl riecht. Mit dem ungenießbaren Brennenden Rübling, der brennend scharf schmeckt.
Kommentar: Rüblinge sind im Allgemeinen keine besonders herausragenden Speisepilze. Seine unterschiedliche Erscheinungsform von hellgelb bis dunkelbraun macht den Waldfreundrübling oft schwer erkennbar. Sehr verbreitet.

Samtfußrübling

Flammulina velutipes
(Winterpilz, Winterrübling)

Hut: ∅ 1–6 cm. Anfangs zartfilzig, gewölbt, später flacher, hellorange gelb bis rostorange braun. Mitte dunkler. Feucht klebrig, glatt. Rand hell, oft durchscheinend gerieft, dünnfleischig.
Lamellen: Weißlich bis gelblich, etwas entfernt stehend.
Stiel: Dünn gebogen, zähfleischig. Ganz oder nur im unteren Teil braun samtfilzig. Oben oft gelb.
Fleisch: Dünn, zart elastisch, später leicht zäh. Weiß bis gelblich.
Geruch: Schwach.
Geschmack: Schwach.
Zeitraum: Spätherbst bis Frühjahr.
Vorkommen: Auf Baumstümpfen oder verletztem Holz. Als Stockpilz in Büscheln.

Wert: Wohlschmeckender Speisepilz.
Verwendung: Nur die Hüte, zu Suppen oder Pilzgemüse, wie Stockschwämmchen.
Verwechslung: Mit dem giftigen Grünblättrigen Schwefelkopf – Lamellen beachten! Mit dem essbaren Rauchblättrigen Schwefelkopf und dem essbaren Weißblättrigen Samtfußrübling.
Kommentar: Ein Sammelvergnügen im Winter, wenn sonst kaum Pilze wachsen. In dieser Jahreszeit einer der wenigen essbaren Pilze. Frostunempfindlich. Gut zu kultivieren. Sehr oft madig.

Stockschwämmchen

Kuehneromyces mutabilis
(Stockschüppling)

Hut: ∅ 2–6 cm. Anfangs kugelig mit eingerolltem Rand, später flach, leicht gebuckelt, gelbbräunlich mit dunklerem Rand. Hygrophan, kahl, glatt, glänzend. Bei Trockenheit ausblassend.
Lamellen: Dicht, angewachsen, hell bis bräunlich dunkler werdend.
Stiel: 3–8 cm lang. Dünn, zäh, später hohl, oft gebogen, gelbbräunlich. Unterhalb des Ringes bräunlich, dicht bräunlich geschuppt.
Fleisch: Dünn, zart, brüchig, gelblich bis blassbraun. Im Stiel zäh.
Geruch: Angenehm nach frischem Holz.
Geschmack: Mild.
Zeitraum: Mai bis Dezember.
Vorkommen: Meist an Laubholz. Büschelig wachsend. Manchmal ist ein ganzer Baumstumpf überzogen.
Wert: Ausgezeichneter, sehr aromatischer Speisepilz.
Verwendung: Vielseitig verwendbar, vor allem zu Suppen (Hüte). Gut zu trocknen. Die Stiele eignen sich für ein sehr schmackhaftes Pilzpulver.
Verwechslung: Mit dem giftigen Nadelholzhäubling, der jedoch auf Nadelholz wächst, keinen geschuppten Stiel hat und nach Mehl riecht. Mit dem sehr giftigen Grünblättrigen Schwefelkopf, der aber schwefelgelb ist und grüne Lamellen hat. Mit anderen Stockpilzen. Merkmale sehr genau beachten!
Kommentar: Stockschwämmchen sollten nur von erfahrenen Pilzsammlern gesammelt werden. Durch ihr hervorragendes Aroma beleben sie jede Pilzspeise. Auch als Zuchtpilz geeignet.

Rauchblättriger Schwefelkopf

Hypholoma capnoides
(Graublättriger Schwefelkopf, Milder Schwefelkopf)

Hut: ∅ 2–7 cm. Erst halbkugelig, dann glockig bis flach ausgebreitet, oft mit stumpfem Buckel. Hellgelb mit dunklerer Mitte. Glatt, kahl, oft dünne Schleierreste am Hutrand. Feucht mit Wasserrand.
Lamellen: Dicht, angewachsen. Bei jungen Pilzen variierend von weißlich bis weißgrau, später rauchgrau, im Alter grauviolett.
Stiel: 5–10 cm lang. Zylindrisch, hohl, oft gebogen. Oben glatt, hellgelb, seidig glänzend. Zur Basis rostbraun überfasert.
Fleisch: Dünn, gelblich.
Geruch: Angenehm.
Geschmack: Mild bis leicht herb.
Zeitraum: September bis Dezember.
Vorkommen: An Nadelholzstümpfen, vor allem von Fichten und Kiefern. Sehr häufig.
Wert: Sehr wohlschmeckender Speisepilz.
Verwendung: Nur die Hüte. Für Suppen, Soßen und Mischgerichte. Auch gut zu trocknen.
Verwechslung: Mit dem giftigen Grünblättrigen Schwefelkopf, der aber deutlich grüngelbe Lamellen hat und bitter schmeckt. Mit dem ungenießbaren Ziegelroten Schwefelkopf, der deutlich rötlich in der Hutmitte und meist größer ist.
Kommentar: Nur von Kennern zu sammeln. Ähnlich wie bei anderen Stockpilzen kann man von diesem Pilz große Mengen ernten.

Grünblättriger Schwefelkopf

Hypholoma fasciculare
(Bitterer Schwefelkopf)

Hut: ⌀ 2–7 cm. Erst halbkugelig, später glockig ausgebreitet bis flach. Meist gebuckelt. Ganz jung wachsgelb, später hell- bis schwefelgelb, mit dunklerer Mitte. Glatt, kahl, am Hutrand oft dünne Schleierreste. Im Alter ockerfarben bis bräunlich.
Lamellen: Dicht, angewachsen, giftgelb, schwefel- bis grüngelb, später grünoliv.
Stiel: 5–12 cm lang. Zylindrisch, oft gebogen. Unter dem Hut hell, zur Basis braun überfasert, oft dünner Ringrest.
Fleisch: Dünn, schwefelgelb.
Geruch: Unbedeutend.
Geschmack: Sehr bitter (nicht testen!).
Zeitraum: Fast ganzjährig.
Vorkommen: In Laub- und Nadelwäldern. Büschelig an Holz. Sehr häufig.
Wert: Sehr giftig!
Verwendung: Keine!
Verwechslung: Mit dem ungenießbaren Ziegelroten Schwefelkopf und dem essbaren Rauchblättrigen Schwefelkopf. Das essbare Stockschwämmchen ist in der Hutmitte hell und hat einen deutlich braun geschuppten Stiel. Der Samtfußrübling hat einen honiggelben Hut und weißlich gelbe Lamellen.
Kommentar: Der Bestimmung von Stockpilzen sollte man generell große Aufmerksamkeit widmen. Auf den ersten Blick sehen viele verschiedene Arten gleich aus.

Ziegelroter Schwefelkopf
Hypholoma sublateritium

Hut: ∅ 3–10 cm. Anfangs halbkugelig mit eingerolltem Rand, später glockig bis ausgebreitet, stumpf bucklig. Ziegel- bis dunkelrot, zum Rand hellgelb. Oft mit feinen Schleierresten. Kahl, glatt, glänzend oder spröde.
Lamellen: Sehr dicht, ausgebuchtet, angewachsen. Erst gelbgräulich bis lila olivgrau, im Alter braun.
Stiel: 7–10 cm lang. Zylindrisch, gebogen, hohl, faserig. Oben gelblich, nach unten rötlich braun überfasert.
Fleisch: Dick bis zäh, gelblich.
Geruch: Unspezifisch, muffig.
Geschmack: Bitter.
Zeitraum: Mai bis Dezember.
Vorkommen: Auf totem Laubholz. Häufig. Büschelig wachsend.
Wert: Ungenießbar.
Verwendung: Nicht zum Verzehr geeignet.
Verwechslung: Mit anderen essbaren und nicht essbaren Schwefelköpfen, die aber kleiner und weniger rot sind. Merkmale beachten!
Kommentar: Der Pilz wird manchmal als essbar beschrieben, wenn er nicht bitter schmeckt! Er kann jedoch nicht durch Abkochen entbittert oder entgiftet werden. Wir raten daher vom Verzehr ab.

Hallimasch

Sparriger Schüppling

Hallimasch

Armillariella mellea
(Heckenschwamm, Honigpilz, Hohlmütze)

Hut: ∅ 2–15 cm. Jung kugelförmig, fast geschlossen, später flach mit eingerolltem Rand, alt wellig. Farbe sehr variabel. Honiggelb bis ockerbraun, besonders in der Hutmitte mit dunklen haarig-zottigen Schüppchen besetzt, die sich im Alter verlieren. Hygrophan, oft gebuckelt.
Lamellen: Dicht, jung cremefarben, später braun und gefleckt, leicht herablaufend.
Stiel: 5–18 cm lang. Zylindrisch bis keulig, oft gebogen. Unter dem Hut hell. Mit filzigem Ring. Oft dunkel geschuppt, zur Basis hin schwärzlich. Im Alter zäh und hohl.
Fleisch: Dünn, spröde, hell, später rosa bis bräunlich und weich.
Geruch: Schwach nach Holz.
Geschmack: Zunächst mild, später herb zusammenziehend.
Zeitraum: August bis November.
Vorkommen: Auf Baumstümpfen in Büscheln, oft massenhaft.
Wert: Roh giftig! Essbar nach Abkochen. Stiele nicht zum Verzehr geeignet.
Verwendung: Junge Hüte lange gedünstet zu Mischgerichten und zum Einlegen. Kochwasser weggießen. Nicht trocknen. Stiele sind zäh und unbekömmlich.
Verwechslung: Mit dem ungenießbaren Sparrigen Schüppling, der jedoch einen rettichartigen Geruch und Geschmack hat und meist an Obstbäumen wächst. Auch mit anderen Schüpplingen und Stockpilzen.
Kommentar: Manche Menschen vertragen den Hallimasch nicht.

Austernseitling

Pleurotus ostreatus
(Kalbfleischpilz)

Hut: ⌀ 5–20 cm. Jung klein, muschelförmig eingerollt, dann ausbreitend, lappig eingerissen. Farbe variabel, von weißbeige über graubraun, grau, graulila oder stahlgrau bis blauschwärzlich, im Alter ausblassend. Glatt, glänzend, manchmal faserig, trocken.
Lamellen: Dicht, weiß bis cremefarben. Leicht am Stiel herablaufend.
Stiel: Kurz, 1–4 cm oder fehlend. Fest, weiß, seitlich angewachsen. An der Basis leicht filzig.
Fleisch: Dick, jung fest, alt zäh, weiß.
Geruch: Jung sehr angenehm mild.
Geschmack: Jung sehr angenehm mild.
Zeitraum: Vor allem im Spätherbst und Winter.
Vorkommen: An lebenden und toten Laubhölzern (Rotbuche, Pappel), selten an Fichten. Büschelig wachsend. Dachziegelartig.
Wert: Ausgezeichneter Speisepilz, jedoch im Alter zäh.
Verwendung: Sehr vielseitig. Auch nur kurz gebraten oder gegrillt. Gut im Biss.
Verwechslung: Selten mit dem essbaren Rillstieligen oder anderen Seitlingen.
Kommentar: Der Austernseitling ist einer der Winterpilze, denen der Frost nicht schadet. Im Gegenteil, er gedeiht gut nach Kälte. Er ist ein Marktpilz, der das ganze Jahr über auch als »Kalbfleischpilz« zu kaufen ist.
Bei der Suche nach dem Austernseitling darf man ruhig auch nach oben blicken. Er wächst öfters sehr hoch an den Baumstämmen.

Kahler-Krempling

Paxillus involutus
(Speckpilz, Empfindlicher Krempling)

Hut: ∅ 4–15 cm. Flach, breit mit stark eingerolltem Rand, oft trichterförmig. Farblich variierend von gelbgrünlich bis rötlich-braun. Trocken glatt oder spröde, fein, filzig. Feucht klebrig. Auf Druck sofort dunkelbraun verfärbend, daher der Name Empfindlicher Krempling.
Lamellen: Dicht, herablaufend, oft gegabelt. Schmutzig ocker gelblich. Auf Druck braun verfärbend. Die Lamellen lassen sich wie die Röhren bei Röhrenpilzen entfernen.
Stiel: Kurz, 4–5 cm. Zylindrisch, voll. Zur Basis oft verjüngt und verbogen. Sehr oft seitlich angewachsen.
Fleisch: Erst weißlich, dann gelbbraun. Beim Kochen wird es dunkelbraun.
Geruch: Würzig, säuerlich.
Geschmack: Säuerlich.
Zeitraum: Juni bis November.
Vorkommen: In Laub- und Nadelwäldern, auch an totem Holz. Oft büschelig und gehäuft.
Wert: Roh giftig! Gekocht ungenießbar.
Verwendung: Nicht zum Verzehr geeignet.
Verwechslung: Mit dem ebenfalls nicht essbaren Erlen-Krempling, der aber vor allem unter Erlen oder in Feuchtgebieten wächst. Mit braunhütigen Milchlingen, die Milchsaft ausscheiden.
Kommentar: Der Kahle Krempling hat unter den Kremplingen den am stärksten eingerollten Rand. In älteren Pilzführern gilt er gut gekocht oder eingelegt als verwendbar. Er enthält jedoch Pilzgifte und sollte daher nicht verzehrt werden.

Samtfuß-Krempling

Paxillus atrotomentosus

Hut: ⌀ 6–18 cm. Anfangs gewölbt, dann ausgebreitet, flach bis trichterförmig, meist mit stark eingerolltem Rand. Oft polsterförmig und azentrisch muschelförmig. Feinsamtig, hell bis dunkelbraun, trocken.
Lamellen: Dicht, gedrängt. Beige bis ocker. In Stielnähe oft verbunden, leicht herablaufend. Auf Druck braun verfärbend.
Stiel: Kurz, 3–6 cm. Dick, derb gedrungen, fest, voll. Samtig wie Hut. Meist seitlich sitzend, mit Wurzelgeflecht.
Fleisch: Dick, schwammig weich, gelblich. Bei Regen vollgesogen.
Geruch: Leicht säuerlich.
Geschmack: Unangenehm, im Alter bitter.
Zeitraum: Juli bis November.
Vorkommen: Auf Nadelholzstümpfen. Oft gebüschelt.
Wert: Ungenießbar, zäh, bitter.
Verwendung: Nicht zum Verzehr geeignet.
Verwechslung: Durch die gut erkennbaren äußerlichen Merkmale (Form, Farbe und Wuchs) kaum zu verwechseln. Junge Hüte ähneln von der Ferne oft Maronenröhrlingen, die jedoch Röhren haben.
Kommentar: Der Samtfuß-Krempling galt früher nach besonderer Behandlung als essbar. Er wird heute noch im Osten verwendet, nach mehrmaligem Kochen und Einlegen. Wir raten jedoch vom Verzehr ab.

Kaffeebrauner Gabeltrichterling

Pseudoclitocybe cyathiformis
Cantharellula cyathiformis
(Bechertrichterling)

Hut: ∅ 1–7 cm. Stark trichterförmig, mit eingerolltem Rand. Später wellig oder lappig. Dunkelgraubraun bis schwarz. Von innen her trocken ausblassend. Seidig, hygrophan, feingerieft.
Lamellen: Gräulich bis bräunlich, herablaufend, weitstehend, deutlich gegabelt.
Stiel: 4–10 cm lang. Leicht blasser als der Hut, lang, dünn, seidig längsfaserig, an der Basis verdickt. Im Alter hohl.
Fleisch: Dünn, grau.
Geruch: Unbedeutend.
Geschmack: Mild.
Zeitraum: Oktober bis Dezember.
Vorkommen: In Laubwäldern, an zerfallendem Holz. Kleinbüschelig oder zerstreut. Häufig.
Wert: Sehr guter Speisepilz.
Verwendung: Vielseitig, für Mischgerichte, Suppen, Chinagerichte. Gut zu trocknen.
Verwechslung: Aufgrund seiner eindeutigen Form und Farbe kaum zu verwechseln.
Kommentar: Leider nicht sehr bekannt und selten beschrieben, aber in Geschmack und Form ähnlich attraktiv wie die Herbsttrompete. Kaum madig. Einer der wenigen Pilze, die bis zum Winterbeginn gesammelt werden können.

Mönchskopf

Clitocybe geotropa
(Falber Riesen-Trichterling)

Hut: ∅ 5–20 cm. Jung gewölbt, dann flach, breit, trichterförmig mit meist mittigem Spitzbuckel. Rand stark eingerollt, im Alter bei Trockenheit deutlich gekerbt oder gerieft. Hell, weißlich, leder bis rosaseidig, glatt kahl, älter fein schuppig.
Lamellen: Weißlich cremefarben, dicht, am Stiel herablaufend.
Stiel: 10–15 cm lang. Kräftig fest, voll, schlank, säulenartig, an der Basis leicht keulig und weiß gefilzt.
Fleisch: Fest, dünn, hell, weißlich.
Geruch: Süßlich, bittermandelähnlich.
Geschmack: Mild.
Zeitraum: September bis November
Vorkommen: In Laub- und Nadelwäldern, auf Lichtungen. In Gruppen oder Ringen.
Wert: Jung ein sehr guter Speisepilz, alt zäh. Nicht roh verzehren!
Verwendung: Vielseitig verwendbar, besonders zum Braten. Sehr ergiebig.
Verwechslung: Auf Grund seiner Merkmale gut und sicher zu bestimmen. Andere helle Trichterlinge unterscheiden sich deutlich in Form und Größe.
Kommentar: Der Mönchskopf hat eine ganz eigene, erhabene Gestalt, die man sich gut einprägen kann.

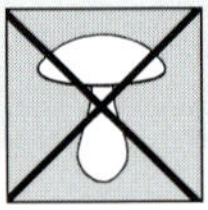

Rettich-Helmling

Mycena pura

Hut: ∅ 2–7 cm. Helllila bis grauviolett oder nur grau bis weißlich, stark hell gerieft am Rand, oft hygrophan, leicht gebuckelt. Gewölbt bis ausgebreitet.
Lamellen: Weißlich oder grau bis rosalila, weitstehend, ausgebuchtet.
Stiel: 4–8 cm lang. Dünn, hohl, leicht lila bis rosa, kahl, an der Basis heller oder weiß flaumig.
Fleisch: Dünn, leicht brüchig, fast weiß.
Geruch: Stark rettichartig.
Geschmack: Schwach.
Zeitraum: Juni bis November.
Vorkommen: In Laub- und Nadelwäldern. Sehr häufig.
Wert: Leicht giftig.
Verwendung: Zum Verzehr ungeeignet.
Verwechslung: Mit dem essbaren Violetter Lacktrichterling und anderen Helmlingen.
Kommentar: Die meisten Helmlinge sind ungenießbar bis wertlos.

Achtung! Je nach Standort ist das Erscheinungsbild des ungenießbaren Rettich-Helmlings dem des essbaren Violetten Lacktrichterlings sehr ähnlich. Oft findet man beide in dichter Nachbarschaft.

Violetter Lacktrichterling

Rötlicher Lacktrichterling

Violetter Lacktrichterling

Laccaria amethystina
(Lila Lacktrichterling, Blauer Lackpilz, Violetter Bläuling)

Hut: ⌀ 1–6 cm. Anfangs kleinkugelig eingerollt, später unregelmäßig ausgebreitet. Oft in der Mitte genabelt und am Rand gerieft. Leuchtend dunkelviolett, besonders bei Feuchtigkeit, daher der Name Lacktrichterling. Bei Trockenheit und im Alter ausblassend bis weiß werdend.
Lamellen: Weitstehend, deutlich ungleich lang, angewachsen, herablaufend. Leuchtend violett wie Hut, jedoch nicht ausblassend. Manchmal weiß bestäubt vom Sporenstaub.
Stiel: 4–12 cm lang. Hohl, oft verbogen und gedreht. Öfter madig.
Fleisch: Sehr dünn, elastisch, lilaviolett.
Geruch: Unauffällig pilzig.
Geschmack: Mild.
Zeitraum: Juni bis November.
Vorkommen: In Laub- und Nadelwäldern, ohne besondere Bodenansprüche. Sehr gesellig in Familien. In manchen Jahren sehr häufig.
Wert: Essbar, knackig im Biss.
Verwendung: Als Mischpilz, gut geeignet für Suppen, Sülzen oder Pizza, zum Trocknen und Einlegen.
Verwechslung: Mit dem giftigen Rettich-Helmling. Mit dem seltenen, ungenießbaren Purpurbraunen Lacktrichterling. Der Rötliche oder Fuchsige Lacktrichterling und der Zweifarbige Lacktrichterling haben dieselben Merkmale und sind im Wert gleichbedeutend.
Kommentar: Die essbaren Lacktrichterlinge sind fast immer als langstielige Gesamtexemplare zu verwenden.

Grüner Anistrichterling
Clitocybe odora

Hut: ∅ 3–8 cm. Erst glockig mit eingerolltem Rand, später breit, trichterförmig bis flach, oft gebuckelt, wellig. Hell türkis oder grünspangrün, gezont. Im Alter ausblassend bis weißlich.
Lamellen: Heller als der Hut, türkis bis cremefarben, leicht am Stiel herablaufend.
Stiel: 4–7 cm lang. Voll, im Farbton des Hutes, leicht keulig zur Basis, feingefilzt.
Fleisch: Blassgrünlich.
Geruch: Stark nach Anis.
Geschmack: Würzig.
Zeitraum: Juli bis November.
Vorkommen: In Laub- und Nadelwäldern. An Wegrändern. Häufig in Gruppen.
Wert: Guter Speisepilz.

Verwendung:. Geeignet für asiatische Gerichte, Suppen oder Mischgerichte. Der Anisgeschmack bleibt beim Kochen erhalten.
Verwechslung: Aufgrund von Farbe und Geruch kaum zu verwechseln. Ähnelt jedoch in Form und Geruch dem giftigen Weißen Anistrichterling und farblich dem ungenießbaren Graugrünen Milchling.

Nebelkappe

Clitocybe nebularis,
Lepista nebularis
(Nebelgrauer Trichterling, Herbstblattl)

Hut: ∅ 5–20 cm. Jung gewölbt, später flach bis schwach trichterförmig, oft wellig. Rand anfangs eingerollt. Hellgrau bis graubraun, in der Mitte dunkler, glatt, oft mit leichtem Belag, der sich abwischen läßt.
Lamellen: Weiß bis blassgelblich grau, dicht, leicht herablaufend.
Stiel: 5–10 cm lang. Dick, aber faserig hohl, leicht keulig, oft mit Längsrillen. An der Basis filzig übersponnen, mit eingewachsenen Waldteilchen.
Fleisch: Im trockenen Zustand weiß, nass leicht gräulich, dick.
Geruch: Süßlich streng bis unangenehm.
Geschmack: Leicht säuerlich.
Zeitraum: August bis November.
Vorkommen: In Laub- und Nadelwäldern. In großen Guppen oder Hexenringen.
Wert: Essbar, nicht für alle Menschen verträglich. Nicht roh zu verzehren.
Verwendung: Wenige Exemplare für Mischgerichte. Gut abkochen, Kochwasser wegschütten. Zum Einlegen geeignet.
Verwechslung: Mit dem giftigen Riesenrötling, dem giftigen Bleiweißen Trichterling und anderen essbaren Trichterlingen.
Kommentar: Ein ergiebiger Pilz. Die Nebelkappe muss aber sehr sorgfältig bestimmt werden. Im Zweifelsfall lieber verzichten. Nicht nach Frösten sammeln.

Lila Dickfuß

Cortinarius traganus
(Safranfleischiger Dickfuß)

Hut: ∅ 4–12 cm. Jung geschlossen, fast kugelig, dann aufgerissen, gewölbt bis ausgebreitet. Lila, später grau, im Alter gelbgrau bis braun. Trocken glatt, seidig glänzend. Rand lange mit schleierartigen Velumresten behaftet.
Lamellen: Erst blass, später rost- bis ockerbraun. Dicht, angewachsen, jung oft verschleiert.
Stiel: 5–12 cm lang. Fest, voll, zur Basis keulig bis knollig. Violett bis rostgelb, ocker verfärbend mit undeutlich faseriger Ringzone. Jung überschleiert.
Fleisch: Dickfleischig, blass bräunlich gelb, im Stiel marmoriert.
Geruch: Abstoßend, undeutlich süßlich.
Geschmack: Bitter.
Zeitraum: August bis November.
Wert: Leicht giftig!
Verwendung: Keine!
Verwechslung: Mit dem essbaren Violetten Rötelritterling und der essbaren Schleiereule. Auch mit dem ungenießbaren Bocksdickfuß, der jedoch widerlich riecht.
Kommentar: Das Gift des Lila Dickfuß erzeugt Übelkeit und Erbrechen. Die Gattung *Cortinarius* ist sehr umfangreich mit vielen Untergattungen, wie Schleierlinge, Schleimfüße, Schleimköpfe, Dickfüße, Klumpfüße und mehr. Nur Kenner können sie unterscheiden.

Violetter Rötelritterling

Lilafarbener Rötelritterling

Violetter Rötelritterling

Lepista nuda
(Violetter Ritterling,
Nackter Ritterling)

Hut: ∅ 4–12 cm. Jung leicht gewölbt und eingerollt, später gewölbt flach, leicht wellig. Hell-violett bis lilabraun oder ausblassend hellgrau. Im Alter hellbraun, wenn feucht, Mitte dunkler. Glatt seidig oder feucht glänzend. Selten matt.
Lamellen: Dicht gedrängt, hellgrau bis lilagrau, ausgebuchtet.
Stiel: 5–10 cm lang. Dick voll, weißlich längsgefasert auf violettem Grund. Basis oft keulig, knollig. Innen fast weiß.
Fleisch: Violett, bräunlich, später heller, weicher und wässrig. Selten madig.
Geruch: Angenehm, süß-aromatisch.
Geschmack: Leicht süßlich.
Zeitraum: Juli bis Dezember.
Vorkommen: In Laub- und Nadelwäldern, auf humusreichen Böden. In Gruppen oder Ringen. Häufig.
Wert: Sehr wohlschmeckend und ergiebig. Nicht roh verzehren!
Verwendung: Sehr vielseitig zu verwenden, ähnlich dem Austernseitling. Auch zum Einlegen und Einfrieren geeignet.
Verwechslung: Mit dem giftigen Lila Dickfuß, der jedoch unangenehm riecht. Mit dem essbaren Violetten Schleierling. Mit den essbaren Lilastieligen, Lilafarbenen und Blassblauen Rötelritterlingen.
Kommentar: Der widerstandsfähige Violette Rötelritterling darf im Gegensatz zu den meisten Pilzen auch gefroren gesammelt werden. Er gilt als blutdrucksenkend. Manche Menschen reagieren auf diesen Pilz jedoch leicht allergisch.

Ziegelroter Risspilz

Inocybe patouillardii
(Mai-Risspilz, Ziegelroter Faserkopf)

Hut: ∅ 3–8 cm. Jung glockig geschlossen, dann kegelig geöffnet mit Buckel. Faserig, vom Rand her radial aufreißend. Anfangs weißlich, später bis ziegelrot verfärbend. Kahl.
Lamellen: Jung weißlich, später rosa bis rostfarben, auf Druck rötend. An der Schneide weiß bleibend, gedrängt, jung angewachsen, später frei.
Stiel: 4–10 cm lang. Voll, längsfaserig, seidig. Leicht rötlich, im Alter stärker rot verfärbend. Oft gekrümmt und an der Basis knollig.
Fleisch: Weiß, leicht rötlich anlaufend.
Geruch: Süßlich bis unangenehm.
Geschmack: Zunächst mild, später unangenehm.
Zeitraum: Mai bis Juli.
Vorkommen: Unter Laubbäumen, in Parkanlagen, auf Wiesen. Auf kalkhaltigen Böden.
Wert: Sehr giftig!
Verwechslung: Mit dem essbaren Mairitterling und frühen Champignons, die jedoch beide nicht röten.
Kommentar: Der Ziegelrote Risspilz enthält das Pilzgift Muscarin, welches in schweren Fällen tödlich wirken kann.

Rötlicher Holzritterling

Goldgelber Holzritterling

Rötlicher Holzritterling

Tricholomopsis rutilans
(Purpurfilziger Ritterling)

Hut: ∅ 5–15 cm. Jung leicht kugelig mit eingerolltem Rand, später glockig bis ausgebreitet mit leichtem Buckel. Gelbgrundig mit dichten purpurfarbenen Schuppen besetzt, zum Rand hin etwas weniger dicht. Im Alter hellrot bis gelb ausblassend. Huthaut abziehbar.
Lamellen: Leuchtend gelb, gedrängt, abgerundet zum Stiel hin.
Stiel: 4–12 cm lang. Wie der Hut rot geschuppt auf gelbem Grund. Oben weißlich oder gelb abgesetzt. Erst fest, später hohl.
Fleisch: Gelb, fest, saftig, im Alter wässrig.
Geruch: Muffig bis faulig.
Geschmack: Mild, im Alter bitterlich.
Zeitraum: Juli bis November.
Vorkommen: Auf Stümpfen und Wurzeln von toten Nadelbäumen, vor allem von Fichten und Kiefern. Einzeln und büschelig.
Wert: Bedingt essbar, nur einzelne junge Exemplare.
Verwendung: Jung zu Mischgerichten. Huthaut unbedingt abziehen, um den leicht dumpfen Geschmack etwas zu nehmen.
Verwechslung: Kaum möglich.
Kommentar: Ein farblich auffällig schön aussehender Pilz von leider nicht sehr hoher Qualität. Er trägt seinen Namen nicht grundlos: Er ist, neben dem **Goldgelben Holzritterling** (*Tricholomopsis decora*), der einzige Ritterling, der auf Holz wächst. Dessen Hut ist oliv bis schwärzlich geschuppt auf goldgelbem Grund. In manchen Jahren tritt er häufig auf, ist jedoch ohne besonderen Speisewert.

Essbare Täublinge

Familie: Russolaceae

Rotstieliger Leder-Täubling

Dickblättriger Schwärz-Täubling

Jodoform-Täubling

Die bekanntesten essbaren Täublinge in unserem Vegetationsgebiet: Apfel-T., Buckel-T., Dickblättriger Schwärz-T., Dotter-T., Frauen-T., Gelber T., Gemeiner Weiß-T., Gold-T., Graustiel-T., Grüngefelderter T., Herings-T., Honig-T., Jodoform-T., Leder-T., Milder T., Papagei-T., Purpurschwarzer T., Reif-T., Speise-T., Verblassender T., Wiesel-T., Ziegelroter Täubling.

Hut: ∅ 3–12 (15) cm. Jung kugelig bis halbkugelig, dann flach breit bis manchmal trichterförmig oder gewölbt. Kahl, glatt, oft glänzend, trocken, feucht leicht klebrig, auch häufig gerieft und gebuckelt. Alle Farbtönungen außer tintenblau möglich. Vorherrschend Rottöne. Hutmitte teilweise heller oder dunkler. Niemals Hüllreste, Flocken oder Schuppen.
Lamellen: Fast immer weiß, aber auch cremefarben, selten und im Alter gelb. Sehr spröde, festblättrig, brüchig (außer Frauen-Täubling). Nicht milchend. Angewachsen, nicht sehr dicht stehend.
Stiel: 3–12 cm lang, fest, selten hohl, zylindrisch oder leicht keulig, oft zur Basis leicht verjüngt. Meist glatt und weiß, aber auch gelb, grau oder (bei roten T.) oft rötlich oder rot. Ohne Ring und ohne Knolle.
Fleisch: Fest, meist weiß, manchmal auf Druck verfärbend.
Geruch: Meist unbedeutend, sonst ihren Namen entsprechend: Herings-T., Honig-T., Jodoform-Täubling.
Geschmack: Mild – nie scharf!
Zeitraum: Juni bis November.

Vorkommen: In Laub-, Nadel- und Mischwäldern, ohne besondere Bodenansprüche. Sehr häufig.
Wert: Essbar, jedoch von unterschiedlich hohem Geschmackswert. Der wohlschmeckendste ist der Frauentäubling. Auch roh verzehrbar.
Verwendung: Vielseitig, zu Mischgerichten, zum Trocknen, weniger zum Einlegen.

Roter Herings-Täubling

Grüngefelderter Täubling

Frauen-Täubling

Gelber Graustiel-Täubling

Buckel-Täubling

Roter Speise-Täubling

Dotter-Täubling

Verwechslung: Mit nicht essbaren Täublingen, die jedoch im Geschmack scharf oder bitterlich sind. Besonders zu beachten sind die rothütigen Täublinge, da diese Farbgebungen sowohl bei essbaren als auch bei ungenießbaren oder schwach giftigen Arten auftreten.
Kommentar: Bei nicht genauer Kenntnis dieser Art sollte auf Täublinge insgesamt verzichtet werden. Hat man sich den Täubling jedoch gut eingeprägt (brüchige Lamellen etc.), kann man problemlos den Geschmackstest machen. Als gute Speisepilze sind hervorzuheben: der Grüngefelderte und der Apfel-Täubling, der Frauen- und der Speise-Täubling. Ihr milder Geschmack verträgt kräftiges Würzen. In schlechten Pilzjahren gewinnt er an Bedeutung, denn Täublinge fehlen nie.

Täublinge sind Sprödblättler, die nicht milchende Lamellen besitzen. Ein charakteristisches Merkmal der Täublinge sind die spröden, festblättrigen und splitternd brüchigen Lamellen. Eine Ausnahme bildet lediglich der Frauen-Täubling, mit nicht splitternden Lamellen. Es gilt die Regel: Mild schmeckende Täublinge sind essbar. Scharf oder bitter schmeckende Täublinge sind ungenießbar oder schwach giftig. Von den etwa 100 Täublingsarten ist fast die Hälfte bitter. Vorsicht, mit bitteren Täublingen kann man den Test nicht oft machen, da man schnell nichts mehr schmeckt oder unterscheiden kann. Dabei immer nur wenig Pilzfleisch kurz probieren, oder sich dabei abwechseln.

Nicht essbare Täublinge

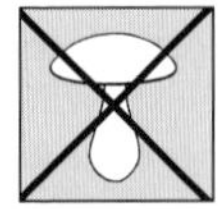

Familie: Russolaceae

Die Bekanntesten nicht essbaren Täublinge in unserem Verbreitungsgebiet: Blut-T., Braunvioletter T., Buchen-T., Camembert-T., Flammenstiel-T., Gallen-T., Gelbfleckender T., Grasgrüner T., Kiefern-T., Kratzender Kamm-T., Kirschroter Spei-T., Ockergelber T., Scharfer Glanz-T., Sonnen-T., Stachelbeer-T., Stink-T., Vielfarbiger T., Zedernholz-T., Zitronenblättriger Täubling.

Hut: ∅ 3–12 (15) cm. Jung halbkugelig bis kugelig, dann flach, breit, manchmal trichterförmig oder gewölbt. Auch öfter gebuckelt und geriefter Rand. Kahl, glatt, oft glänzend, trocken. Feucht leicht klebrig. Ohne Velumreste, Flocken oder Schuppen. Vielfarbig (außer blau), Hutmitte teilweise heller oder dunkler.
Lamellen: Weiß, cremefarben oder gelb. Festblättrig, nicht elastisch, spröde, splitternd, brüchig.
Stiel: 3–12 cm lang. Fest, kräftig, kaum hohl, zylindrisch bis leicht keulig. Weiß oder hell, Rote T. oft rotstielig. Glatt, selten gefasert oder genetzt, oft zur Stielbasis verjüngt. Ohne Ring und Knolle.
Fleisch: Fest, meist weiß, manchmal auf Druck verfärbend.
Geruch: Unterschiedlich unbedeutend.
Geschmack: Mäßig bis speiend scharf oder bitter.
Zeitraum: Juni bis November.
Vorkommen: In Laub-, Nadel- und Mischwäldern. Anspruchslos. Häufig.
Wert: Ungenießbar bis giftig.
Verwendung: Keine!
Verwechslung: Mit essbaren Täublingen. Die roten Täublinge sind

Zitronenblättriger Täubling

Kirschroter Spei-Täubling

Braunvioletter Täubling

schwer zu bestimmen. In diesem Fall ist der Geschmack entscheidend.
Kommentar: Nur wer den Täubling gut kennt und sicher bestimmen kann, sollte die Geschmacksprobe machen. Vorsicht! Man kann bei dem scharfem Geschmack nur wenige Male probieren.

Achtung! Sehr ähnliche essbare und nicht essbare Täublinge wachsen mitunter dicht beisammen.

Ockergelber Täubling

Rehbrauner Dachpilz

Pluteus cervinus, P. atricapillus

Hut: ∅ 4–12 cm. Anfangs glockig, dann ausgebreitet, oft leicht gebuckelt. Glatt, seidig schimmernd, radial gefasert, hell- bis dunkel- oder schwarzbraun. Feucht etwas klebrig. Huthaut abziehbar.
Lamellen: Erst weiß, dann lachsrot. Gedrängt, bauchig, frei.
Stiel: Voll, weißlich schmutzig, teilweise längsfaserig, zur Basis oft leicht dunkel genetzt und etwas dicker.
Fleisch: Dünn, weiß, weich.
Geruch: Unspezifisch, leicht rettichartig oder nach rohen Kartoffeln. Beim Trocknen leicht nach Waldmeister.
Geschmack: Unspezifisch.
Zeitraum: Mai bis November.
Vorkommen: Auf morschem Holz oder Baumstümpfen.
Wert: Essbar. Nicht hochwertig.
Verwendung: Zu Mischgerichten.
Verwechslung: Mit anderen essbaren Dachpilzen. Der giftige Riesen-Rötling hat keine freistehenden Lamellen und wächst nicht auf Holz.
Kommentar: Der Rehbraune Dachpilz ist der häufigste aus der Gattung der Dachpilze, die sehr viele ähnliche Arten hervorbringt. Gedeiht auch bei trockener Witterung.

Grünspan-Träuschling
Stropharia aeruginosa

Hut: ⌀ 3–10 cm. Erst kugelig mit eingerolltem Rand, dann glockig, später ausgebreitet mit kleinem Buckel, wellig. Rand weißbeflockt, mit vergänglichen Flöckchen auf kräftig grünspanfarbigem Grund. Trocken glänzend, feucht sehr schleimig. Im Alter gelblich verblassend. Huthaut leicht abziehbar.
Lamellen: Weißlich, später graurötlich bis violettbraun. Dicht gedrängt. Am Stiel breit angewachsen.
Stiel: 4–10 cm lang. Hohl, zylindrisch. Blassgrünlich bis bräunlich mit hutfarbenem, vergänglichem Ring. Oberhalb des Ringes kahl, unterhalb weiß geschuppt. Jung klebrig.
Fleisch: Dünn, weich, weiß bis grünlich.
Geruch: Schwach rettichartig.
Geschmack: Schwach rettichartig.
Zeitraum: August bis Dezember.
Vorkommen: In Laub- und Nadelwäldern. Oft an totem Holz. Häufig.
Wert: Guter Speisepilz.
Verwendung: Als Suppen- und Mischpilz. Huthaut abziehen.
Verwechslung: Mit dem essbaren Blauen Träuschling.
Kommentar: Ein sehr hübscher, jedoch nicht sehr bekannter Pilz. Sein besonders grell leuchtendes, geflocktes Aussehen gibt ihm nicht unbedingt einen essbaren Anschein. Fast alle anderen Träuschlinge sind ungenießbar bis schwach giftig.

Früher Mürbling

Psathyrella spadiceogrisea,
P. vernalis

Hut: ∅ 2–6 cm. Erst geschlossen hellbraun, dann breit flach, braun bis graubraun, Rand heller, oft durchscheinend gerieft, grau-beige ausblassend. Stark hygrophan, glänzend.
Lamellen: Weitstehend, erst blass, dann braun, angewachsen.
Stiel: 4–6 cm lang. Weißlich, leicht faserig. Auf Druck leicht gilbend.
Fleisch: Dünn, hell, fein.
Geruch: Angenehm.
Geschmack: Angenehm.
Zeitraum: April bis Juni.
Vorkommen: In Laub-, Misch- und Auenwäldern, an Bachrändern, auf humusreichen Böden. Häufig.
Wert: Schmackhafter Speisepilz
Verwendung: Vielseitig, zum Trocknen jedoch ungeeignet.
Verwechslung: In der frühen Jahreszeit kaum zu verwechseln.
Kommentar: Dieser Pilz bietet die Möglichkeit zu einem frischen Waldpilzgericht außerhalb der Pilzsaison, zusammen mit nur wenigen anderen im Frühjahr wachsenden Pilzen. Er ist nur wenig bekannt und selten beschrieben. Alle Merkmale beachten!

Behangener Faserling

Psathyrella candolleana
(Zarter Saumpilz,
Lilablättriger Saumpilz)

Hut: ∅ 2–6 cm. Jung fast kugelig, zart ockergelblich, dann flach gewölbt, fast weiß mit dunklerer Mitte. Radial gefasert, Rand oft mit Velumresten behangen. Trocken weiß, feucht bräunlich.
Lamellen: Dicht, angewachsen, jung hellllila, später lila bis dunkelbraun.
Stiel: 4–10 cm lang. Schlank, weiß, schwach gefasert, hohl, brüchig, mit rasch vergänglichem Ring.
Fleisch: Zart, leicht brüchig, weiß.
Geruch: Angenehm, leicht nach Anis.
Geschmack: Angenehm.
Zeitraum: Mai bis Oktober.
Vorkommen: In Laubwäldern, auf morschem Laubholz. Oft in großen Gruppen.

Wert: Wohlschmeckender Speisepilz mit zartem Aroma.
Verwendung: Hüte geeignet für Suppen oder Mischgerichte, am besten frisch verwenden. Als ganzer Pilz gut zu trocknen.
Verwechslung: Mit anderen zum Teil nicht essbaren Faserlingen oder Saumpilzen. Sehr sorgfältig bestimmen!
Kommentar: Der Pilz ist anfangs für Nichtkenner schwer zu bestimmen. Aber wer ihn kennt, lernt ihn schätzen. Er wirkt farblich wie ein Champignon in Miniatur. Wurde auch schon als ungenießbar beschrieben.

Gesäter Tintling

Coprinus disseminatus

Hut: 1–3 cm hoch. Jung fingerhutförmig beige, dann glockig graubräunlich. Mitte dunkler. Radial gefurcht, kahl.
Lamellen: Erst weiß, dann graubraun bis schwarz. Entfernt stehend.
Stiel: Weiß, feinbereift, an der Basis braun, filzig umsponnen.
Fleisch: Sehr dünn.
Geruch: Unauffällig.
Geschmack: Unauffällig.
Zeitraum: Mai bis Oktober.
Vorkommen: Auf Baumstümpfen. Büschelig in Riesengruppen wachsend. Auf gedüngtem Boden wirken sie wie angesät.
Wert: Ungenießbar, giftig mit Alkohol.
Verwendung: Nicht zum Verzehr geeignet.
Verwechslung: Mit ähnlichen kleinen Tintlingen.
Kommentar: Wie der Name »Tintling« bereits andeutet, zerfließen fast alle Hüte dieser Gattung im Alter zu dicklicher Tinte. Der Gesäte Tintling ist einer der wenigen Pilze dieser Gattung, deren Hüte nicht zerfließen. Fast alle Tintlinge sind unbekömmlich oder leicht bis stark giftig. Eine Ausnahme bildet der junge Schopftintling.

Schopftintling

Coprinus comatus
(Spargelpilz, Porzellanpilz)

Hut: 2–12 cm hoch. Jung schmal oval, walzenförmig am Stiel anliegend, dann glockig, im Alter mit nach außen gerolltem, fransigem Hutrand. Jung weiß, seidig, stark weiß geschuppt mit dunklerer Mitte, allmählich grauend bis schwarz tintig, vom Hutrand her auflösend, zerfließend.
Lamellen: Fein, jung weiß, dann rosa, lila, schwarz verfärbt, zerfließend.
Stiel: 5–20 cm lang. Schlank, zart längsfaserig, weiß, mit verschiebbarem Ring.
Fleisch: Zart, weich, weiß.
Geruch: Angenehm pilzig.
Geschmack: Angenehm pilzig.
Zeitraum: Mai bis November.
Vorkommen: An Wald- und Wegrändern, auf Wiesen. Oft massenhaft.
Wert: Ausgezeichneter Speisepilz. Nur junge Exemplare verwenden.
Verwendung: Für Suppen und Mischgerichte, oder Schopftintlinge »pur« gebraten. Junge Stiele gut zum Trocknen, für ein würziges Pilzpulver.
Verwechslung: Fast alle nicht essbaren Tintlinge sind wesentlich kleiner.
Kommentar: Der Schopftintling wächst auch nach dem Sammeln weiter, deshalb sollten nur ganz junge, noch geschlossene Exemplare gesammelt werden. Sonst kann es vorkommen, dass man zu Hause nur schwarze Tinte im Korb vorfindet. Der Schopftintling muss sofort verarbeitet werden. Die Hüte sind zum Trocknen ungeeignet, da sie zerfallen und tinten.

Nelken-Schwindling

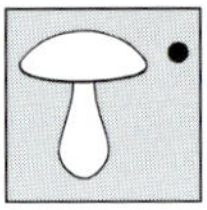

Knoblauch-Schwindling

Nelken-Schwindling

Marasmius oreades
(Feld-Schwindling, Kreisling)

Hut: ∅ 2–6 cm. Jung leicht glockig, später flacher, blass grau oder ocker. Mitte dunkler, leicht gebuckelt, hygrophan. Rand gerieft, oft gekerbt, leicht fleischig.
Lamellen: Dick, entfernt stehend, in der Farbe wie der Hut oder heller.
Stiel: 3–5 cm lang. Dünn, biegsam, zäh, voll, hell ocker, an der Basis weiß zottig.
Fleisch: Dünn, elastisch zäh, weißgelblich.
Geruch: Schwach nach Gewürznelken oder Bittermandel.
Geschmack: Unbedeutend.
Zeitraum: Mai bis November.
Vorkommen: Auf Feldern, Wiesen und an Waldrändern. Oft in Hexenringen.
Wert: Sehr guter Speise-Würzpilz.
Verwendung: Zu Suppen oder Soßen und für Pilz-Würzpulver als Knoblauchersatz. Gut zu trocknen. Nur die Hüte verwenden.
Verwechslung: Aufgrund seines charakteristischen Geruchs, seiner Wuchsstandorte und Hexenringformen ist der Nelken-Schwindling kaum zu verwechseln. Giftige Trichterlinge besitzen dichtstehende Lamellen.
Kommentar: Alle Merkmale gut beachten. Es gibt sehr viele kleine Schwindlinge.
Der **Knoblauch-Schwindling** (*Marasimus scorodonius*) ist ein heller bis brauner, zarter Gewürzpilz mit fast schwarzem, dünnem Stiel. Durch sein deutliches Knoblauch-Aroma ist er besonders geeignet für sortenreines Knoblauch-Pilzpulver (Hüte).

Ziegelgelber Schleimkopf

Cortinarius varius
(Semmelgelber Schleimkopf)

Hut: ∅ 2–12 cm. Erst halbkugelig mit eingerolltem Rand und verschlossenem Velum, dann gewölbt bis flach ausgebreitet. Ocker- bis fuchsiggelb. In der Mitte dunkler. Glatt, kahl, außen faserig behangen. Bei Feuchtigkeit schmierig-klebrig.
Lamellen: Dicht stehend, ausgebuchtet, am Stiel angewachsen. Jung grau bis hellllila, erst später zimtfarben bis rostgelb.
Stiel: 5–10 cm lang. Voll, faserig. Zur Basis keulig bis knollig verdickt. Oft mit hellem dünnem Schleier überzogen, der später nachdunkelt.
Fleisch: Fest, weiß, saftig.
Geruch: Angenehm, würzig.
Geschmack: Mild.
Zeitraum: Juli bis Oktober.
Vorkommen: In Nadel- und Fichtenwäldern, auf Kalkböden. Besonders in Süddeutschland. Häufig.
Wert: Schmackhafter Speisepilz.
Verwendung: Vielseitig.
Verwechslung: Mit dem Verfärbenden, dem Blaublättrigen und ähnlichen essbaren Schleimköpfen. Der **Gelbgestiefelte Schleimkopf** wächst unter Birken.
Kommentar: Die umfangreiche Gattung *Cortinarius* ist nur für gute Pilzkenner geeignet.

Gelbgestiefelter Schleimkopf

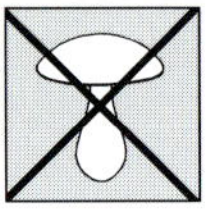

Falscher Pfifferling

Rostfleckiger Pfifferling

Falscher Pfifferling

Hygrophoropsis aurantiaca
(Orangeroter Trichterling)

Hut: ⌀ 2–8 cm. Früh flach bis ausgebreitet, mit eingerolltem Rand. Später trichterförmig, etwas wellig. Gelblich bis orange, Mitte oft dunkler. Glatt, matt, leuchtend.
Lamellen: Hat im Gegensatz zum Echten Pfifferling keine Leisten, sondern Lamellen. Dünn, dichter als beim Echten Pfifferling, gegabelt, oft gekräuselt, gelb bis orange. Am Stiel herablaufend.
Stiel: 3–6 cm lang. Dünn, zäh, hutfarben oder leicht dunkler. Nach unten zuspitzend.
Fleisch: Dünn, biegsam, gelblich, im Stiel dunkler.
Geruch: Geruchlos.
Geschmack: Mild.
Zeitraum: September bis November.
Vorkommen: In Laub- und Nadelwäldern, oft an morschen Baumstümpfen. Gesellig.
Wert: Ungenießbar.
Verwendung: Nicht zum Verzehr geeignet, geschmacklos, zäh.
Verwechslung: Mit dem essbaren Echten Pfifferling oder anderen essbaren Pfifferlingen, deren Fleisch und Stiel jedoch kräftiger sind.
Kommentar: Der Falsche Pfifferling ist nicht verwandt mit den essbaren Pfifferlingen. Er ist nicht giftig, kann jedoch Verdauungsprobleme verursachen.

Echter Pfifferling RL3 (gesch.)

Cantharellus cibarius
(Eierschwamm, Reherl)

Hut: ∅ 1–8 cm. Erst gewölbt mit eingerolltem Rand, später breit bis trichterförmig, wellig und unregelmäßig lappig. Hell- bis dottergelb, oder weißlich bis ockerfarben, glatt, fein, matt.
Leisten: Weitstehend, gelb wie der Hut, immer gegabelt und querverbunden.
Stiel: 2–6 cm lang. Fest, voll, zur Basis verjüngt, nach oben in den Hut übergehend. Gelb wie der Hut oder heller.
Fleisch: Jung fest, später weich bis faserig. Weißlich bis gelb. Selten von Maden befallen.
Geruch: Angenehm aromatisch.
Geschmack: Schwach, später pfeffrig.
Zeitraum: Juni bis November.
Vorkommen: In Laub- und Nadelwäldern. Oft in Gruppen.
Wert: Sehr geschätzter und schmackhafter Speisepilz.
Verwendung: Sehr vielseitig, vor allem für reine Pfifferlingsgerichte oder zu Wild. Nicht geeignet zum Trocknen oder Einfrieren, da er dabei bitter wird.
Verwechslung: Mit dem ebenfalls essbaren Rostfleckigen Pfifferling und dem nicht giftigen, aber minderwertigen Falschen Pfifferling. Auch mit dem giftigen Ölbaumtrichterling, der vor allem in südlich warmem Klima wächst.
Kommentar: Die Bitterkeit des rohen Pilzes verliert sich beim Kochen. Er ist in gößeren Mengen schwer verdaulich. Gekühlt über mehrere Tage gut haltbar.

Trompetenpfifferling

Goldgelbe Kantharelle

Trompetenpfifferling (gesch.)

Cantharellus tubaeformis,
C. infundibuliformis
(Durchbohrter Leistling, Goldstieliger Pfifferling, Goldgelbe Kantharelle, Winterpfifferling)

Hut: ⌀ 2–6 cm. Jung eingerollter Rand, später trichterförmig ausgebreitet, genabelt, trompetenförmig, im Alter in den hohlen Stiel einmündend, daher auch der Name Durchbohrter Leistling. Gelblich grau bis olivbraun. Rand lappig, oft heller, fransig.
Leisten: Grau gelblich, entfernt stehend, gegabelt, quer verbunden, am Stiel herablaufend.
Stiel: Grau gelblich, hohl, elastisch. Oft bilden mehrere Stiele die Basis für einen gemeinsamen Hut.
Fleisch: Sehr dünn, im Stiel faserig und leicht zäh.
Geruch: Schwach, leicht erdig.
Geschmack: Zunächst mild, später bitter.
Zeitraum: Juli bis November.
Vorkommen: In Laub- und Nadelwäldern, auf sauren, feuchten Böden. Oft büschelig. In Gruppen.
Wert: Sehr guter, würziger Speisepilz.
Verwendung: Zu Mischgerichten. Als Beilage. Im Gegensatz zum Echten Pfifferling gut zu trocknen, auch für Pilzpulver.
Verwechslung: Nicht mit Giftpilzen. Mit anderen essbaren Trompetenpfifferlingen oder Leistlingen.
Kommentar: Diese Pfifferlingsart gibt es in mehreren Erscheinungsformen: Die Hüte variieren von hellgrau über grünlich, gelblich, bräunlich bis braun, sind faserig bis dunkel gefilzt, die Stiele gelblich bis kräftig gelb.

Herbsttrompete

Craterellus cornucopioides
(Totentrompete, Füllhorn, Kraterpilz)

Hut: ∅ der Trompeten bis 5 cm. Ein Leistling, dessen Fruchtkörper dem Hut entspricht. Tief trichter- oder trompetenförmig. Dünn, lappig, elastisch, feucht lederig, im Alter etwas zäh. Innenseite schwarz oder fast schwarz, fein samtfilzig. Außen aschgrau.
Leisten: In der Außenhaut nur eine leichte Andeutung von Leisten in Form von aschgrauen, matten, runzeligen Längsadern.
Stiel: Bis 2 cm lang. Geht übergangslos und farblich gleich in den trompetenartigen Hut über.
Fleisch: Dünn, elastisch, schwarz.
Geruch: Schwach.
Geschmack: Leicht erdig.
Zeitraum: August bis November.
Vorkommen: In Laubwäldern, unter Buchen und Eichen, selten in Nadelwäldern, auf Kalkböden. Sehr standorttreu, aber nicht jährlich auftretend.
Wert: Sehr guter und würziger Speisepilz, getrocknet noch aromatischer.
Verwendung: Hervorragend im Ganzen zu trocknen. Sehr gutes Pilzwürzpulver.
Verwechslung: Nicht mit Giftpilzen. Mit essbaren Leistlingen, zum Beispiel dem Grauen Leistling. Ansonsten kaum zu verwechseln.
Kommentar: Die Herbsttrompete ist ein in Form, Farbe und Verwendung einzigartiger Pilz. Ihr delikates Aussehen erhöht noch den Genuss. Besonders geeignet für chinesische Gerichte. Neben der Morchel ist die Herbstrompete einer der wichtigsten Pilze, die durch Trocknen ihr Aroma noch um ein Vielfaches erhöhen.

Schuppiger Porling

Polyporus squamosus
(Schuppiger Schwarzfußporling)

Hut: ∅ 5–50 cm. Jung eingerollt, dann nieren- bis muschelförmig, weit ausgebreitet. Gelb bis hellocker. Deutlich grob bräunlich, konzentrisch geschuppt. Im Alter dunkel werdend. Rand nicht lappend oder wellig.
Poren: Mit dem Hutfleisch verwachsen, grob eckig, oft wässrig, weiß bis gelblich gefärbt, zum Strunk herablaufend.
Stiel: Sehr kurz, 1–3 cm. Strunkartig, dick, grubig. Hell, zur Basis dunkel bis schwärzlich. Exzentrisch bis seitlich angewachsen.
Fleisch: Dick, jung weich und saftig, später wässrig, holzig und zäh. Weißlich bis gelblich.
Geruch: Mehlig.
Geschmack: Gurkenartig.
Zeitraum: April bis Juni, nochmals Juli bis November.
Vorkommen: An abgestorbenen Laubbäumen, selten an lebenden.
Wert: Nur sehr jung essbar, guter Biss. Im Alter zäh.
Verwendung: Für Mischgerichte (lange Garzeit) und zum Einlegen.
Verwechslung: Keine giftigen und essbaren Doppelgänger.
Kommentar: Die charakteristischen Poren geben dieser Gruppe ihren Namen. Nicht besonders hochwertig, aber ganz junge Exemplare können ein Mischgericht bereichern.

Semmelporling **RL 2 gesch.**

Albatrellus confluens

Hut: ∅ 5–30 cm. Jung kugelig, eingerollt, rundlich, glatt, einzeln stehend. Später oft rissig, ineinander verwachsen zu einem großen dichten Hutgebilde (Semmeln). Oberfläche glatt, trocken, ledrig. Gelb bis ocker (semmelfarben).
Poren: Sehr kurz, dicht und am Stiel herablaufend. Weißlich gilbend, im Alter orange. Auf Druck gelbrötlich verfärbend.
Stiel: Sehr kurz, nach oben strunkartig verzweigt. Weiß, oft mit orangen Flecken an der Basis.
Fleisch: Fest bis hart, jung saftig, weiß. Beim Trocknen dunkler gelb bis rot. Alt zäh.
Geruch: Schwach.
Geschmack: Im Alter bitterlich.
Zeitraum: Juli bis September.
Vorkommen: In Nadelwäldern, auf sauren Böden. Besonders in Süddeutschland und Österreich.
Wert: Essbar, als junger Pilz sehr wohlschmeckend. Ältere Pilze schmecken bitter.
Verwendung: Geeignet zum Einlegen. Für Geschnezeltes.
Verwechslung: Nicht mit Giftpilzen. Der essbare Schafporling hat einen helleren Hut. Der essbare Semmelstoppelpilz hat Stacheln auf der Hutunterseite.
Kommentar: Der Semmelporling ist in Deutschland geschützt und darf nicht gesammelt werden. Er muss immer Semmel**porling** genannt werden, während der Semmel**stoppelpilz** stets als solcher bezeichnet werden muss. Es gibt keinen »Semmelpilz«.

Semmelstoppelpilz

Hydnum repandum
(Stoppelpilz)

Hut: ⌀ 3–12 cm. Erst gewölbt mit eingerolltem Rand, dann breit, flacher, ausgebreitet und unregelmäßig stark wellig. Weißlich, lachs- bis semmelfarben oder orangerötlich, je nach Standort. Glatt, sehr matt, im Alter fettig wirkend. Mitte oft vertieft.
Stacheln/Stoppeln: 3–6 mm lang. Stehen dicht, sind zerbrechlich und lassen sich leicht vom Hut ablösen. Gelblich weiß bis lachsrot, heller als der Hut. Am Stiel herablaufend.
Stiel: 3–8 cm lang. Dick, voll, zylindrisch, auch gebogen. Heller als der Hut, Basis dunkler. Feinsamtig. Oft seitlich am Hut angewachsen.
Fleisch: Dick, fest aber leicht brüchig, im Alter zäh. Weißlich gelb oder lachsfarben. Nach Anschnitt dunkler werdend.
Geruch: Angenehm.
Geschmack: Mild, später bitter.
Zeitraum: Juli bis November.
Vorkommen: In Laub- oder Nadelwäldern, auf kalkhaltigen Böden. Oft gehäuft oder in Reihen.
Wert: Essbar, besonders junge Pilze.
Verwendung: Vielseitig. Ausgezeichnet zum Einlegen geeignet, wegen dem festen Biss. Gut kochen.
Verwechslung: Keine ungenießbaren Doppelgänger. Mit dem essbaren Rotgelben und dem Weißlichen Stoppelpilz.
Kommentar: Kleine, junge Pilze sind sehr delikat, in Geschmack und Biss dem Pfifferling ähnlich. Alte Pilze werden bitter und unbekömmlich. Der Semmel**stoppel**pilz sollte nie Semmelpilz genannt werden. Der Semmel**porling** hat Poren.

Roter Gallertpilz

Tremiscus helvelloides
(Rötlicher Gallerttrichter)

Fruchtkörper: 3–10 cm hoch. Uneben muschel-, ohren- oder trichterförmig. Leicht eingerollt. Hell orange bis leuchtend rot. Rand rund, wellig. Außenseite weiß behaucht, blasser. Im Alter matt.
Stiel: Mehrere Fruchtkörper wachsen büschelig aus einem sehr kurzen, strunkigen Stiel.
Fleisch: Fest, gallertartig elastisch. Bei Trockenheit leicht hornartig werdend.
Geruch: Mild.
Geschmack: Angenehm, fest im Biss.
Zeitraum: Juli bis Oktober.
Vorkommen: Auf oft nicht sichtbarem morschem Laub- oder Nadelholz im Boden. An Waldwegen oder grasigen Lichtungen. Gehäuft auftretend.
Wert: Guter Speisepilz, auch roh essbar, guter Biss.
Verwendung: Vielseitig, besonders als frischer Salatpilz oder zum Einlegen. Wegen seiner leuchtend roten Farbe sehr dekorativ in Pilzsülzen.
Verwechslung: Kaum mit nicht essbaren Pilzen. Mit dem essbaren Orangeroten Becherling und dem blasseren Eselsohr.
Kommentar: Der rote Gallertpilz gehört zur Gruppe der Gallertpilze und stellt eine Sonderform in der Pilzwelt dar. Er ist keiner anderen Pilzgattung exakt zuzuordnen. Nicht sehr ergiebig.

Spitzmorchel (gesch.)

Morchella conica

Hut: 3–6 cm hoch. Jung graubeigebraun, dann olivbraun bis braunschwarz. Aus knorpeligen längsgerippten Hutwaben bestehend. Ei- bis spitzkegelförmig, am Stiel angewachsen, hohl.
Stiel: Weißlich bis ockergelblich, etwas grubig, sandig feinkörnig, hohl. Kürzer oder länger als der Hut.
Fleisch: Dünn, elastisch bis brüchig, hell.
Geruch: Schwach.
Geschmack: Schwach.
Zeitraum: April bis Mai.
Vorkommen: Im Gebüsch und in Hecken, in Laub-, Nadel- und Auwäldern, an Wegrändern, Holzlagerplätzen, Brandstellen. Meist in Gruppen. Standorttreu, jedoch nicht jährlich auftretend.
Wert: Hervorragender und beliebter Speisepilz. Nicht roh verzehren!
Verwendung: Sehr vielseitig, meist für Soßen oder als Beilagenpilz zu hellem Fleisch. Gut zum Trocknen geeignet. Die Geschmacksqualität ist bei Trockenpilzen erhöht.
Verwechslung: Mit der giftigen Frühjahrslorchel, die jedoch einen typisch hirnwindungsartigen, rötlich braunen Hut hat. Mit der essbaren, meist helleren Speisemorchel. Die essbare Halbfreie oder Hohe Morchel hat einen kurzen nicht angewachsenen Hut.
Kommentar: Die Spitzmorchel gehört zu den Schlauchpilzen und hat ein eigenes, außergewöhnliches Aroma. Sie sollte gut gewaschen werden. Bei getrockneten Spitzmorcheln ist das Pilzeinweichwasser besonders aromareich und sollte durchgesiebt zu Suppen oder Soßen verwendet werden.

Krause Glucke

Sparassis crispa
(Fette Henne)

Fruchtkörper: ∅ bis 30 cm. Dichte, krause, wellig gewundene Pilzblättchen bilden die Oberfläche des blumenkohlartig wachsenden Pilzes. Weiß bis cremefarben, alt bräunlich bis braun.
Stiel: Der Strunk in der Erde teilt sich in aufsteigende gewundene Äste. Er ist dick, fest und hell cremefarben.
Fleisch: Das Fleisch der »Rosetten« ist elastisch, zart, wachsartig bis knusprig knorpelig.
Geruch: Angenehm würzig, aromatisch.
Geschmack: Nussartig, im Alter bitter.
Zeitraum: Juli bis Oktober.
Vorkommen: Meist direkt am Fuß von Kiefern, selten unter anderen Nadelbäumen.
Wert: Jung ein sehr guter, wohlschmeckender Speisepilz, im Alter zäh und bitter.
Verwendung: Vielseitig. Verliert beim Einfrieren und Trocknen nicht an Qualität. Vor der Verwendung blanchieren oder gut garen.
Verwechslung: Kaum zu verwechseln. Selten mit der essbaren Breitblättrigen Glucke und dem essbaren, aber geschützten Eichhasen.
Kommentar: Diese in der Pilzwelt herausragende Sonderform aus der Gruppe der Bauchpilze ist hervorragend in Geschmack und Biss. Die Krause Glucke muss jung fest und fast weiß sein. Die vom Strunk abgelösten Rosetten müssen vor der Verwendung ausnahmsweise gut gewaschen und gesäubert werden. Sehr zähe Strünke entfernen. Ein großes Exemplar reicht für eine ganze Familie.

Birnen-Stäubling

Stäublinge und Boviste

Birnen-St., Flaschen-St., Igel-St., Weich-Stäubling
Lycoperdon pyriforme, L. perlatum, L. echinatum, L. molle

Riesen-Bovist
Langermannia gigantea

Dickschaliger Kartoffel-Bovist
Scleroderma citrinum

Fruchtkörper:
Stäublinge: ∅ 1–4 cm. Kugel-, birnen- oder flaschenförmig. Mit Warzen, Körnchen oder Stacheln, glatt bis genetzt. Jung weiß, beige, rosa oder grau. Im Alter trocken, stumpf, matt, bräunlich bis braunoliv. Bis 8 cm hoch.
Riesen-B.: ∅ 10–50 cm, jung reinweiß, später gelblich bis bräunlich.
Kartoffel-B.: ∅ 4–10 cm, rissig ocker.
Stiel: Einige Arten sind kurz gestielt. Riesen-Bovist und Kartoffel-Bovist sind ohne Stiel.
Fleisch: Jung fest weiß, später dunkler und weich werdend. Verwandelt sich im Alter in eine trocken stäubende Sporenmasse, die im geöffneten Scheitel austritt Die Schale des Riesen-Bovist blättert im Alter ab. Er ist nicht stäubend wie auch der Kartoffel-Bovist, der sich schon früh innen grau bis schwarz verfärbt.
Geruch: Manche Arten riechen sehr unangenehm, zum Beispiel der Birnen-Stäubling , der Stink-Stäubling, der Riesen- Bovist und der Kartoffel-Bovist. Ansonsten Geruch unbedeutend.
Geschmack: Mild bis unangenehm. Kein Bestimmungskriterium!
Zeitraum: Juni bis November.
Vorkommen: In Laub- und Nadelwäldern. Oft in Mengen. Der Riesenbo-

vist auf Wiesen und in Gärten. Selten.
Wert: Der Kartoffelbovist ist giftig! Die anderen genannten Boviste und Stäublinge sind jung essbar.
Verwendung: Vielseitig, auch zum Einlegen. Nur sehr junge, innen weiße und sehr feste Exemplare verwenden.
Verwechslung: Boviste und Stäublinge ähneln einander. Außer dem Kartoffel-Bovist ist keine giftige Art bekannt. Dieser ist nur ganz jung innen weiß und wird sehr schnell grau bis schwarz. Er ist deutlich an der Ockerfarbe, der aufgesprungenen Huthaut und dem Geruch zu erkennen.
Kommentar: Boviste und Stäublinge sind Bauchpilze. Der Name Bovist wird im Sprachgebrauch überbegrifflich verwendet, obwohl zur Gattung »Bovista« nur einige zählen. Sehr junge Pilze bleiben auch beim Trocknen und Kochen weiß. Sie als »Ersatztrüffel« zu bezeichnen, dürfte allerdings etwas übertrieben sein. Der Riesenbovist, jung in Scheiben geschnitten und als Schnitzel gebraten, ist sehr ergiebig. In mageren Pilzjahren erfreut man sich auch an kleinen Bovisten.

Flaschen-Stäubling

Igel-Stäubling

Kartoffel-Bovist

Weich-Stäubling

Stinkmorchel
Phallus impudicus

Fruchtkörper: Bis 20 cm hoch. Jung unterirdisch als Hexenei wachsend, später als weißliche Knolle hervortretend, die aufbricht und eine gallertige Schicht zum Vorschein bringt. Die Hauthülle ist ledrig. Man sieht im Querschnitt weißes gallertumhülltes Fruchtfleisch, das rettichartig riecht. Im Reifestadium bei Öffnung des Eies entsteht ein langstieliger Pilz mit einem glockenförmigen grün-wabigen Hut, ähnlich einem aufgesetzten Fingerhut. Der Stiel ist weiß, hohl und sehr porös. In diesem Stadium fängt der Pilz an, stark unangenehm nach Verwesung zu riechen. Meist riecht man ihn lange, bevor man ihn erblickt. Er ist häufig von Insekten und Fliegen belagert.
Zeitraum: Juni bis September.
Vorkommen: In Laub- und Nadelwäldern. Häufig.
Wert: Das junge, noch geschlossene und von Gallert befreite Hexenei wird manchmal gegessen.
Verwendung: Hexenei, in Scheiben geschnitten zum Braten.
Verwechslung: Mit der nicht essbaren Dünnen Stinkmorchel und der wesentlich kleineren, nicht essbaren Hundsrute.
Kommentar: Die Stinkmorchel gehört der Gruppe der Bauchpilze an. Der Pilz selbst ist ungenießbar und nicht zu verzehren. Aber auch das Hexenei (siehe Bild unten) ist in seiner Geschmacksqualität sehr umstritten.

Pilzgifte

Dieser Abschnitt soll keine Angst machen, sondern vielmehr genügend Wissen vermitteln, um die Angst vor dem Sammeln zu nehmen. Werden die im Bestimmungsteil genannten Merkmale genau beachtet, kann eigentlich nichts mehr schiefgehen. Treten trotzdem noch Zweifel auf, sollten die Pilze nicht verwendet werden.

Es ist wichtig, sich die giftigen Pilze gut einzuprägen, vor allem diejenigen, die den essbaren zum Verwechseln ähnlich sehen. Es gibt kein Allheilmittel, um Giftpilze zu testen. Das Mitkochen eines Silberlöffels, Maden oder Schneckenfraß am Pilz sagen entgegen manchen Überlieferungen nichts über die Essbarkeit der Pilze aus. Auch die Mär von der Ungefährlichkeit der Röhrenpilze sollte schnellstens vergessen werden. Gewissheit erhält man einzig über die Bestimmungsmerkmale, denn auch Giftpilze können gut riechen und angenehm schmecken. Da etliche Pilzsorten heutzutage durch Schwermetalle und Radioaktivität belastet sind, sollte man pro Woche nicht mehr als ein bis zwei Mahlzeiten von Waldpilzen zu sich nehmen.

Das Gift des Lila Dickfuß erzeugt Übelkeit und Erbrechen.

Manche Pilze sind nur roh giftig, gekocht jedoch essbar und sehr delikat. Auch gibt es Pilze, die eine längere Kochzeit benötigen, um sie leichter verdaulich zu machen. Einige Pilze verursachen in Verbindung mit Alkohol Beschwerden, wie zum Beispiel der Netzstielige Hexenröhrling. Sie sollten daher ohne Alkohol gekocht und verzehrt werden. Allerdings treten diese Alkohol-Unverträglichkeiten nicht bei allen Menschen gleichermaßen auf.

Die Pilzgifte werden in drei Kategorien eingeteilt:

Organgifte

Diese Gifte greifen die inneren Organe an, meistens Leber oder Niere. Sie führen häufig zum Tod. Hierzu zählen vor allem die Gifte des Knollenblätterpilzes und des Grünblättrigen Schwefelkopfes. Die ersten Anzeichen einer solchen Vergiftung äußern sich erst sehr spät, etwa 6 bis 24 Stunden nach dem Verzehr. Es kommt zu Erbrechen, Durchfall und Krämpfen. Bei den kleinsten Anzeichen muss sofort ein Arzt oder eine Klinik aufgesucht werden!

Nervengifte

Nervengifte wirken auf das Nervensystem und führen äußerst selten zum Tod. Sie sind enthalten im Fliegenpilz, im Pantherpilz, in einigen weißen Trichterlingen, den meisten Risspilzen (Ziegelroter Risspilz) sowie in Düngerlingen und Kahlköpfen, die auch als »Magic Mushrooms« bekannt sind. Die ersten Symptome stellen sich manchmal schon beim Essen oder 1 bis 2 Stunden nach dem Verzehr ein und äußern sich durch rauschähnliche Zustände, Weinen, Lachen, Schweißbildung, Spei-

Grüner Knollenblätterpilz

Grünblättriger Schwefelkopf

chelfluß, Herzklopfen oder Atemnot. Es kommt aber weder zu Erbrechen noch zu Durchfall. Daher sollte man sofort den Magen entleeren und einen Arzt aufsuchen!

Verdauungsgifte

Verdauungsgifte greifen den Verdauungstrakt an. Diese Gifte führen nie zum Tod, bereiten jedoch in den Verdauungsorganen zum Teil erhebliche Beschwerden. Zu dieser Kategorie von Giftpilzen zählen vor allem der Kartoffelbovist, scharf schmeckende Täublinge, der Karbolchampignon, der Satanspilz, einige Ritterlinge, der Lila Dickfuß, die Bauchwehkoralle, einige Milchlinge sowie manche Korallpilze. Die ersten Symptome treten nach 15 bis 60 Minuten auf und äußern sich in Erbrechen und Durchfall, teilweise aber auch in Form von Kopfschmerzen und Übelkeit. In diesem Fall sofort den Magen entleeren und einen Arzt aufsuchen!

Es gibt auch Pilze, die vor allem in östlichen Ländern durch mehrstündiges Kochen und anschließendes Einlegen mehr oder weniger entgiftet und essbar gemacht werden (zum Beispiel der Kahle Krempling). Dies ist jedoch nicht zu empfehlen, gibt es doch genug Pilze, die auch ohne solche »Entgiftungsmaßnahmen« wunderbar verträglich sind.

Es gilt die Grundregel: Rasch auftretende Beschwerden sind Vorzeichen einer schwachen Vergiftung. Spät oder sehr spät auftretende Beschwerden kündigen eine starke Vergiftung an.

Fliegenpilz

Gelber Knollenblätterpilz

Was tun bei einer Pilzvergiftung?

- Sofort eine Giftinformationszentrale (GIZ) anrufen (Telefonnummern und Anschriften siehe Seite 186). Die Symtome und wenn möglich auch den verzehrten Pilz genau beschreiben.
- Danach sollte man sich ohne Verzögerung in ärztliche Behandlung begeben und dort die Auskünfte der GIZ mitteilen. Die Reste des Pilzgerichts und eventuell Erbrochenes unbedingt mitnehmen. Die Ärzte können daraus Rückschlüsse auf das Gift ziehen.
- Erste Hilfe im Notfall: Erbrechen herbeiführen. Bei Kindern geschieht dies mit viel warmen Wasser, bei Erwachsenen mit etwa 0,5 Liter warmem Salzwasser (1 Esslöffel Kochsalz auf 0,5 Liter Wasser). Notfalls Gaumen mit Finger oder Löffel reizen.
- Auf keinen Fall Milch oder Alkohol trinken!
- Alle am Essen beteiligten Personen sollten sich ebenfalls vom Arzt untersuchen lassen.

Delikat zubereiten

Pilzverwertung

Für Küche und Gaumen sind Pilze von höchster Attraktivität. Sie eignen sich für fast alle Gerichte, außer Süßspeisen. Für Liebhaber von Wildpilzen beginnt die Vorfreude bereits im Wald. Aber mittlerweile bietet auch der Markt eine große Auswahl; Zuchtpilze werden sogar ganzjährig angeboten. Zuchtpilze bieten den Vorteil, nicht von Umweltbelastungen betroffen zu sein. Aber glücklicherweise schwächen sich auch die Auswirkungen der Tschernobyl-Katastrophe mit den Jahren ab. Wildpilze gibt es in wesentlich größerer Vielfalt. Außerdem sind sie den Zuchtpilzen geschmacklich weit überlegen.

Pilze sind weder Gemüse noch Fleisch und in gewisser Weise doch beides. Da sie eiweißhaltig sind, können sie auch als Fleischersatz dienen. Mit Pilzen lassen sich Suppen, Vorspeisen, Salate, Zwischengerichte, Beilagen und ganze Mahlzeiten zubereiten. Sie lassen sich auch als Füllung, eingelegt, getrocknet oder pulverisiert als Würzmittel verwenden. Rezepte und Wissenswertes finden Sie in den folgenden Kapiteln, mit vielen Vorschlägen für eine geeignete Verwendung, sowohl für die »dünne Ernte«, als auch für den reichhaltigen Fund, der nicht auf einmal verzehrt werden kann.

Die besondere Eignung der Pilze wird in diesem Buch auf der Grundlage eigener Erfahrungen empfohlen. Die Art der Verwendung beschränkt sich aber durchaus nicht nur auf die genannte, man kann die Rezepte auch variieren oder gut mit Markt- oder Zuchtpilzen nachkochen.

Es gibt auch einige »Weisheiten«. Die einfachste ist: Mit etwas Butter oder Öl, Zwiebeln, Petersilie und Salz ist fast nichts falsch zu machen. Doch Vorsicht bei zu starken Gewürzen! Sie nehmen leicht das besondere Pilzaroma.

Man kann auch mit Pilzen die Welt des Kochens nicht ganz neu erfinden. Der eigene Charakter der Pilze ist es jedoch wert, die Köstlichkeiten herauszuarbeiten, und dabei sind allen, die gerne und mit Lust kochen, keine Grenzen gesetzt.

Vorbereitung

Beim Sortieren und Reinigen lassen sich die ereignisreichen und überraschenden Entdeckungsmomente der Pilzwanderung nochmals erleben. Alle gefundenen Exemplare gehen noch einmal durch unsere Hände.

- Pilze zersetzen sich aufgrund ihres Eiweißgehaltes oder durch Madenfraß schnell, daher ist eine rasche Verwendung zu empfehlen. In geeigneten Gefäßen, gut gereinigt und gekühlt, können die meisten Sorten wenige Tage aufbewahrt werden.
- Pilze werden nicht gewaschen, sondern nur gebürstet, abgeschabt und geschnitten. Ausnahmen sind Morcheln und Krause Glucken, da ihre Pilzkörper oft stark von Sand-

Nach einer erfolgreichen Pilzwanderung ...

... müssen die Pilze sortiert und vorbereitet werden.

und Waldboden durchsetzt sind. Man schneidet den Pilz längs durch, um zu sehen »ob der Wurm drin ist«.

- Bei älteren und alten Pilzen sind weich und grob gewordene Röhren zu entfernen, ebenso bei einigen älteren Lamellenpilzen die Huthaut, wenn sie abziehbar ist. Die Röhren der jungen Pilze werden dagegen nicht entfernt, denn sie enthalten viel Eiweiß.
- Pilzstiele sind oft zäh oder minderwertig, zum Beispiel beim Halli-

masch oder beim Nelkenschwindling. Sie werden daher nicht verwendet. Härtere Stiele, wie beispielsweise die des Birkenpilzes oder des Stockschwämmchens, sind oft gut zum Trocknen für die Herstellung von Pilzpulver geeignet. Bei den meisten Pilzen ist jedoch das Stielfleisch dem des Hutes gleichzusetzen, vor allem bei Röhrlingen.

- Pilze werden zum Kochen meist in Scheiben geschnitten oder fein gehackt. Nur die kleinsten Exemplare werden als ganze verwendet, wie zum Beispiel der Pfifferling, das Stockschwämmchen, der Lila Lacktrichterling oder der Bovist.

Die frisch gesammelten Pilze werden geputzt und danach weiter verarbeitet.

Pilze putzen

Das Pilze putzen nimmt viel Zeit in Anspruch. Es ist daher kurzweiliger und vergnüglicher, diese Arbeit nach dem Waldbesuch gemeinsam mit Freunden zu erledigen.

Natürlich sollte man die Pilze im Wald schon grob vorreinigen und bei stark schleimigen Hüten die Huthaut abziehen. Zuhause werden alle Pilze ausgelegt, die einzelnen Sorten zugeordnet, und nochmals genau bestimmt. Je nach Menge und Pilzsorte wird dann entschieden, ob alle Pilze gleich gegessen werden, oder ob ein Teil eingelegt, getrocknet oder eingefroren wird. Wichtig ist, dass alle Pilze möglichst noch am gleichen Tag geputzt werden, um vor späteren Überraschungen sicher zu sein. Am nächsten Tag ist sonst oft alles von Maden zerfressen. Das betrifft auch die sonst guten Pilze. Wenn alles geputzt ist und die Pilze kühl gelagert werden, kann die Weiterverarbeitung auf den nächsten Tag verschoben werden.

Pilze sollte man immer trocken putzen, also niemals waschen, da sie sonst unnötig viel Feuchtigkeit aufnehmen. Ausnahmen sind nur die Morcheln und die Krause Glucke, die häufig sehr sandig sind und daher unter fließendem Wasser gereinigt werden. Zum Reinigen benötigt man ein Küchenbrett, ein spitzes Küchenmesser, eine Pilzbürste, einen kleinen harten Pinsel, Küchenkrepp, ein Sieb für die gereinigten Pilze und eine alte Zeitung für die Abfallberge. Zuerst werden die Pilzhüte mit Küchenkrepp oder durch Schaben mit dem Messer gereinigt. Oft reicht es auch, wenn der Pilz nur mit den Fingern abgerieben wird. Bei Schleimpilzen und einigen älteren Lamellenpilzen muss man die Huthaut abziehen. Dies geschieht beginnend vom Außenrand zur Mitte hin. Meist lässt sich die Huthaut ähnlich wie bei Pellkartoffeln abziehen. Danach wird die Stielbasis durch Schaben oder Schneiden geputzt. Bei Röhrenpilzen werden die alten Röhren entfernt, indem man sie mit dem Messer vom Stiel nach außen abhebt. Bei Lamellenpilzen klopft man erst einmal mit der flachen Hand oder dem flachen Messer auf die Hutoberseite, so fallen schon die meisten Verunreinigungen aus den Lamellen heraus. Verbliebenen Schmutz oder kleine Tierchen entfernt man vorsichtig mit der Pilzbürste oder einem feinen Pinsel. Anschließend werden die Pilze längs durchgeschnitten, um sie auf Madenfraß zu überprüfen. Besonders bei Steinpilz, Perlpilz, Reizker und Champignon ist auf Maden zu achten. Die befallenen Stellen werden herausgeschnitten.

Bei madigen Steinpilzen sind die Stielaußenwände oft noch sehr gut für Steinpilzpulver zu verwenden, wenn der innere Madenfraß herausgekratzt wurde. Wenn die Pilze nur einzelne Wurmgänge aufweisen, können sie noch sehr gut in Scheiben geschnitten und zum Trocknen verwendet werden. Aufgeschnitten verziehen sich eventuell noch verbliebene Maden und die wenigen kleinen Löcher sind nur ein optischer Mangel. So gereinigt, können die Pilze je nach Sorte ein bis drei Tage im Kühlschrank gelagert oder gleich verwertet werden.

Verwendung

Nach einer reichen Pilz-Ernte erfolgt die Zubereitung nach dem Motto: Vom Wald in die Pfanne. Gemeinsam mit Pilzfreunden »nachbestimmen«, sortieren, putzen und essen ist jedesmal ein Vergnügen. Doch bleiben häufig noch Pilze übrig, aus denen man einen Vorrat anlegen kann.

Das Sortieren für die Verwendung ist wichtig und geschieht zu Hause direkt nach dem Ernten. Die weniger festen Lamellenpilze wie Schopftintlinge, Scheidenstreiflinge und Perlpilze sollten am besten sofort frisch zubereitet werden. Frische Pilze können gut mit getrockneten und tiefgefrorenen gemeinsam verwendet werden. Dies ist vorteilhaft, denn das Aroma der getrockneten Pilze ist intensiver als das der frischen, ähnlich wie bei Tee oder Trockenkräutern.

- Zur frischen **Aufbewahrung** kann man die Pilze – gereinigt und von Maden befreit – maximal zwei bis drei Tage im Kühlschrank lagern.
- Zum **Trocknen** werden feste Röhrlinge, feste Lamellenpilze oder Fruchtkörper in Scheiben geschnitten, auf Zeitungen ausgelegt und an einem geschützten Ort getrocknet. Sie sollten täglich gewendet und »rascheltrocken« werden, eventuell muss man im warmen Backofen (bei maximal 50 °C) kurz nachtrocknen.
- Zur **Pulverisierung** werden Trockenpilze gemahlen oder gemörsert. Pilzpulver eignet sich für Klare und Cremesuppen, für Soßen und als Gewürz.
- Zum **Einfrieren** werden geeignete Pilze kochfertig vorbereitet und in Kühlbehältern eingefroren.

- Einige Arten muß man vor der Verwendung **blanchieren**, so zum Beispiel die Krause Glucke oder den Schafporling.
- Zum **Einlegen** in Essig oder Öl werden nur kleine feste Stücke verwendet.
- Zur Herstellung von **Pilzfüllungen** oder Pulvern eignen sich weiche Pilze oder auch Stiele (frisch oder getrocknet).
- Aus magerer Ernte oder einem **Rest an Pilzen** lässt sich leicht ein Pilzomelette, Suppenklößchen oder eine Pizza zubereiten.

Zubereitung

Pilze haben ihr eigenes unverwechselbares Aroma, das bedeutet: Zuviel fremde Würze schadet. Zwiebeln, Petersilie und Salz sind immer sichere Zutaten für ein Grundrezept. Salz zieht Feuchtigkeit, daher sollte man immer erst nach dem Dünsten salzen. Darüber hinaus sind einige Würzrichtungen empfohlen wie beispielsweise Majoran, Curry, Paprika, Muskat, Thymian, Liebstöckel, Sellerie, Ingwer oder Soja, jedoch immer in sorgfältiger Dosierung. Trockenpilze sind intensiver im Aroma, Frischpilze haben dagegen ihre Stärken in einem festen fleischigen Biss.

Zur Beachtung:

- Es gibt einige wenige Arten von Wildpilzen, die nicht mit Alkohol zubereitet und verzehrt werden dürfen, zum Beispiel der Netzstielige Hexenröhrling. Die Warnungen müssen streng beachtet werden, um jede Unverträglichkeit zu vermeiden. Bei Zuchtpilzen besteht diese Gefahr allerdings nicht, und auch bei der überwiegenden Mehrheit der Waldpilze kann deren Aroma mit einem Schuss Sherry oder Weißwein enorm verfeinert werden.
- Einige Pilzarten aus dem Wald sind roh giftig, zum Beispiel der Perlpilz – oder leicht giftig wie beispielsweise der Hallimasch. In diesen Fällen muß die längere Garzeit beachtet oder das Kochwasser weggegossen werden.
- Die meisten Waldpilze sollte man nicht in zu großen Stücken zubereiten. Je kleiner geschnitten und je besser gekaut, desto bekömmlicher sind sie.
- Das Zubereiten und der Verzehr von rohen Pilzen wird nur selten empfohlen, weil sie schwer verdaulich oder giftig sind. Ausnahmen sind der Steinpilz, der Champignon und der Rote Galerttrichterling.
- Das Kochen von Pilzen sollte immer unter Berücksichtigung der Garzeiten und aller hinweisenden Einschränkungen (z. B. Kochwasser wegschütten) geschehen. Für empfindliche Personen ist bei großen Pilzgerichten zur besseren Verdauung das Mitkochen von einer Prise Natron sinnvoll, ähnlich wie bei Kohl und Hülsenfrüchten.

Festfleischige Trockenpilze brauchen lange Einweichzeiten von mindestens 2 Stunden. Man kann sie auch über Nacht einweichen. Sie verlieren dabei ihre Zähigkeit, ebenso wie durch längeres Garen. Wiedererwärmen erhöht das Aroma, das sich noch weiter entfaltet hat.

Nach dem Putzen wird getrennt zwischen den Pilzen, die sofort verwendet und solchen, die konserviert werden.

- Je nach Wassergehalt und Festigkeit werden Pilze unterschiedlich lange gebraten. Schwammige Pilze sind zum Braten ungeeignet. Vor dem Braten wird nicht gewürzt.
- Bereits gekochte Pilzgerichte können nach ein bis zwei Tagen wieder aufgewärmt werden, wenn sie in einem nichtmetallischen Gefäß gekühlt aufbewahrt werden.
- Ausgebackene Pilze, paniert oder in Bierteig, als Schnitzel oder frittiert ist eine schnelle, delikate Zubereitungsart.
- Trockenpilze kann man bei trockener, kühler und dunkler Lagerung sehr lange aufbewahren.Vor ihrer Verwendung werden sie etwa 20 bis 30 Minuten eingeweicht.
- Das Einweichwasser kann als Grundlage zu Suppen oder Soßen dienen. Besonders zu erwähnen ist das köstliche Aroma des »Morchelwassers«. Aus Trockenpilzen kann Pilzpulver gemahlen werden, welches sich wiederum als Basis für Suppen und Soßen oder als Würzmittel hervorragend eignet.
- Tiefgefrorene Pilze werden wie frische behandelt, also nicht aufgetaut, sondern direkt verwendet.

- Pilzpaste (Duxelles) hält nur etwa 10 Tage. Sie kann nur eingefroren werden, wenn sie fettarm hergestellt wurde und ist dann 6 bis 8 Monate haltbar.

Verzehr

Pilze enthalten verschiedene Eiweiße und die Vitamine B, C und D. Sie haben die Eigenschaft, mehr oder weniger schwer verdaulich zu sein.

Sie sollten daher gut gekaut werden, damit sie leichter verdaut und die darin enthaltenen Nährstoffe besser resorbiert werden können.

Waldpilze sollte man, wie andere schwer verdauliche Kost, nicht täglich verzehren. Aber zwei bis drei Pilzmahlzeiten wöchentlich (in der Pilzsaison) ist für einen gesunden Körper nicht zuviel.

Pilze und Alkohol sind in Kombination nicht immer verträglich (siehe Kapitel »Zubereitung«). In Einzelfällen können bei Empfindlichkeit Verdauungsprobleme, Übelkeit oder Allergien auftreten. Die persönliche Ernährungsweise muss daher auch immer bedacht werden.

Zur Beachtung

- Auf Pilze, die bezüglich ihres Speisewertes oder ihrer Unverträglichkeit in verschiedenen Büchern unterschiedlich beschrieben sind, sollte ganz verzichtet werden.
- Auf Pilze, die zwar essbar sind, aber einen unverhältnismäßig hohen Verwertungsaufwand benötigen, kann schon beim Sammeln verzichtet werden (zum Beispiel die wertlosen Milchlinge). Geschmack und Qualität lassen sich auch nicht »hineinkochen«.

Getrocknete Pilze, gemischt mit frischen, sind immer von Vorteil für den stärkeren Geschmack. Sie heben das Pilzaroma noch intensiver hervor. Dabei entsprechen 10–15 g Trockenpilze einer Menge von 100 g frischen Pilzen.

- Solche Pilze weglassen, die als minderwertig gekennzeichnet sind.
- Alte, zu nass geregnete und zu junge, nicht genau bestimmbare Pilze nicht sammeln.
- Madige Pilze nur dann verwenden, wenn der Pilz ansonsten fest ist. Die befallenen Stellen ausschneiden.
- Geschmacksproben sind nur in speziellen Fällen aufschlussreich, zum Beispiel bei Täublingen.
- Niemanden überreden! Wenn jemand argwöhnisch oder ängstlich gegenüber selbstgesammelten Waldpilzen ist, sollte das selbstverständlich respektiert werden.
- Giftpilze schmecken meist nicht bitter oder giftig und werden auch von Maden, Würmern und Schnecken gefressen. Madenfraß ist nie ein Zeichen dafür, dass der Mensch den Pilz auch verträgt.

Steinpilz

Rezepte

Die Rezeptangaben sind, falls nicht anders vermerkt, jeweils für 4 Personen.

Suppen

Deftige Kartoffel-Pilzsuppe

Geeignete Pilze
Lamellenpilze, Röhrlinge, junge Boviste, Pfifferlinge

Zutaten
300 g geputzte Pilze
80 g Speck
1 Zwiebel
1 kleine Stange Lauch
500 g Kartoffeln
1 l Fleischbrühe
1 Teelöffel Liebstöckel
1 Teelöffel Sellerie- oder Bohnenkraut
1/2 Bund Petersilie
Salz, Pilzpulver

Pilze, Lauch und Kartoffeln kleinschneiden. Den Speck würfeln. Die grob gehackte Zwiebel im ausgelassenen Speck erhitzen. Lauch, Pilze und Kartoffeln in kurzen Abständen dazugeben, umrühren und kurze Zeit schmoren lassen.
Mit Fleischbrühe aufgießen. Die getrockneten, feingehackten Kräuter gleich dazugeben, die frischen erst später hinzufügen.Bei kleiner Hitze etwa 40 Minuten köcheln lassen.
Mit Salz und Pilzpulver abschmecken.Das Pilzpulver muß noch etwas mitköcheln, damit es sein Aroma entfaltet.
Servieren mit 1 Esslöffel Crème fraîche in der Mitte.

Die Suppe kann auch mit getrockneten Pilzen oder halb-halb zubereitet werden. Dabei entsprechen 10–15 g getrocknete Pilze etwa 100 g geputzten frischen Pilzen. Das Einweichwasser wird mit verwendet.

Feine Pilzsuppe mit Croutons

Geeignete Pilze
Steinpilze, Champignons, Perlpilze, Stockschwämmchen, Behangene Faserlinge, Graublättige Schwefelköpfe

Zutaten
300 g Frischpilze oder
200 g Frischpilze und
20 g getrocknete Steinpilze
1 Zwiebel, fein gehackt
40 g Butter oder 3 Esslöffel Öl
3 Kartoffeln, in Würfeln
1/2 Bund glatte Petersilie, kleingehackt
1 Esslöffel Liebstöckel, frisch oder getrocknet, zerkleinert
1 l Fleisch- oder Hühnerbrühe
1 Esslöffel süße Sahne
100 g Crème fraîche
1 Eigelb
etwas Wein, Madeira oder Port
Salz, weißer Pfeffer

Trockenpilze in lauwarmem Wasser 30 Minuten einweichen. Frischpilze kleinschneiden. Die Zwiebel in Butter oder Öl erhitzen, kleingehackte Petersilie, Pilze und Kartoffeln dazugeben. Gut dünsten. Mit der Brühe aufgießen. Feingehackten Liebstöckel dazugeben und bei öfterem Rühren 20–30 Minuten auf kleiner Flamme köcheln. Pürieren, mit Salz und Weißwein abschmecken. Die Sahne und die Crème fraîche mit dem Eigelb verquirlt kurz vor dem Servieren unterrühren. Mit weißem Pfeffer aus der Mühle kurz abpfeffern.
Servieren mit Croutons aus Weißbrot.

Pilz-Eierstich als Suppeneinlage

Geeignete Pilze
Mischpilze, fast alle Arten

Zutaten
20 g frische Mischpilze
2 Eier
1/8 l Milch
Salz
etwas Curry,
Muskat,
Pilzpulver
Butter

Die Mischpilze sehr fein wiegen. Eier und Milch verquirlen, bis sie homogen sind. Dann die Gewürze unterrühren. Die feingehackten Pilze in eine gebutterte hitzebeständige Form füllen, die Eimasse darüber gießen (nicht umrühren). Die Formen in kochendes Wasserbad stellen und 20 bis 30 Minuten ohne weitere Hitzezufuhr ziehen lassen. Anschließend stürzen und in Würfel schneiden.
Servieren als Suppeneinlage in klarer Bouillon. Mit Schnittlauch bestreuen.

Lässt sich gut auch nur mit einem Esslöffel Pilzpulver zubereiten.

Beim Perlpilz muss man die Huthaut unbedingt abziehen.

Pilzklößchensuppe

Geeignete Pilze
Mischpilze, fast alle Arten.
Birkenpilze, Ziegenlippen, Butterpilze, Goldröhrlinge.

Zutaten

100 g frische oder
15 g getrocknete Pilze
1–2 Esslöffel Butter
1 Ei
1 Scheibe Toast
2 Stängel Petersilie
Semmelbrösel nach Bedarf
Pilzpulver, Salz, Muskat, Zitrone

Die Trockenpilze 30 Minuten einweichen (Pilzwasser aufbewahren). Die sehr fein gehackten oder klein geschnittenen Pilze mit der Petersilie in Butter 10 bis 15 Minuten gut andünsten und vom Feuer nehmen. Noch lauwarm das geschlagene Ei unterziehen und mit dem eingeweichten, gut ausgedrückten Toast vermengen. Semmelbrösel zufügen, so dass ein Kloßteig entsteht. Mit Salz, Muskat, Pilzpulver und einigen Tropfen Zitrone würzen.
Erkalten lassen (etwa 20 Minuten). Kleine Klößchen formen, in klarer, kochender Bouillon einige Minuten garen. Heiß servieren, mit Schnittlauchröllchen oder Petersilie bestreuen. **Servieren** mit Toast.

Pilzklößchen passen in alle klare Suppen. Sie können auch nur mit Pilzpulver (15–20 g) hergestellt werden, das dann direkt mit Ei, Toast und Semmelbröseln vermengt wird.

Kuttelsuppe mit Pilzen

Geeignete Pilze
Krause Glucke, Austernseitlinge

Zutaten
- 120 g Krause Glucke
- 120 g Kutteln
- 2 Esslöffel Pflanzenöl
- 3–4 Esslöffel Mehl
- 1 Lorbeerblatt
- etwas Selleriekraut, frisch oder getrocknet
- 1,5 l Hühner- oder Gemüsebouillon
- scharfer Paprika
- Salz, Pfeffer
- Essig, Zitrone

Kleingeschnittene Pilze in einer großen Casserole 10–15 Minuten in Öl dünsten. Die Kutteln sehr fein schneiden und dazugeben. Bei Bedarf noch etwas Öl hinzufügen und weitere 10 Minuten dünsten. Mit Mehl bestäuben, wenden und mit der Bouillon ablöschen. Gut rühren, damit keine Klümpchen entstehen. Lorbeerblatt und Selleriekraut hinzugeben und 20 bis 25 Minuten kochen. Mit Paprika, Salz und Pfeffer würzen. Mit Essig und Zitrone abschmecken. Lorbeerblatt und Selleriestängel entfernen. **Servieren** mit Essigkaraffe und Pfeffer.

Diese Suppe ist etwas für diejenigen, die es besonders gerne scharf und sauer mögen. Der feinwürzig-kräftige Charakter ist ein Genuss im Herbst, zur »Glucken«-Zeit.

Chinasuppe

Geeignete Pilze
Zarte, dünnfleischige Pilze, beispielsweise Herbsttrompeten, Kaffebraune Gabeltrichterlinge, Champignons, junge frische Schopftintlinge oder Saumpilze

Zutaten
120 g frische oder
15 g getrocknete Pilze
1 l Hühner- oder Gemüsebrühe
30–40 g Glasnudeln
1 Esslöffel Sojasoße
1 Esslöffel Essig
1 Esslöffel Sherry
etwas Sambal nach Belieben
Zitronenmelisse, gehackt

Die Hühnerbrühe vom gekochten Huhn, Fond oder Extrakt erhitzen. Soja und Essig zugeben, mit Sambal abschmecken. Die getrockneten, eingeweichten Pilze je nach Vorliebe zerkleinert oder ganz in die Suppe geben und etwa 20 Minuten sanft köcheln lassen.
Parallel dazu die Glasnudeln in Salzwasser circa 10 Minuten köcheln und abgießen. Kurz vor dem Servieren die Glasnudeln und den Sherry dazugeben. Mit gehackter Zitronenmelisse bestreuen.
Servieren in dünnen Chinaschalen.

Die Suppe ist ebenso mit den käuflichen Shiitake oder Chinamorcheln herzustellen. Sie kann auch mit Hühnerstückchen, Karottenstiften oder Sojasprossen angereichert werden. Mit frischen Pilzen zubereitet, ist sie etwas weniger stark im Pilzgeschmack.

Steinpilz-Creme

Geeignete Pilze
Steinpilze

Zutaten
300 g frische Steinpilze
10 g getrocknete Steinpilze
2 Kartoffeln
2 Esslöffel Crème double
80 g Butter und/oder Öl
1 Knoblauchzehe, zerdrückt
1 Zwiebel oder 2 Schalotten
2–3 Stängel Petersilie
1/8 l Sahne
1 l Hühnerbouillon
1 Lorbeerblatt
Salz, Pfeffer aus der Mühle,
1 Prise Zucker, Curry, Mischpilzpulver
2 Esslöffel Sherry oder Weißwein

Die getrockneten Steinpilze 30 Minuten einweichen. Die frischen Steinpilze kleinschneiden, die Kartoffeln würfeln. Die kleingehackte Zwiebel, Petersilie und Knoblauch in Butter oder Öl erhitzen und die Pilze hinzufügen. Kurze Zeit dünsten, die Kartoffelwürfel hineingeben und mit der Hühnerbrühe ablöschen. Mit den Gewürzen abschmecken und circa 20 Minuten köcheln.
Das Lorbeerblatt entfernen und die Suppe pürieren. Bei Bedarf zusätzlich Pilzpulver verwenden. Mit Sherry oder Weißwein abschmecken. Die Crème double mit der Sahne langsam unterrühren und mit frischgemahlenem Pfeffer aus der Mühle servieren.
Servieren mit Toast oder Baguette.

Salate

Bunter Salat mit rohen Pilzen

Geeignete Pilze
Steinpilze, Champignons, Echte Reizker, Rote Gallerttrichter

Zutaten
300 g frische Pilze, am besten gemischt
200 g Blattsalate (Chicoree, Endivien, Kresse)

Marinade
3 Esslöffel älterer Balsamico-Essig
3 Esslöffel Steinpilz- oder Kürbiskernöl
1 Messerspitze Dijonsenf
Salz, Pfeffer
Speisewürze
1 Prise Zucker
Sonnenblumen- oder Kürbiskerne

Die Pilze in Scheiben schneiden. Reizker kurz blanchieren. Die kleinen Exemplare der Roten Gallerttrichter kann man ganz lassen. Die Salate zerkleinern und waschen. Die vorbereiteten Pilze dazugeben. Aus den Zutaten eine Salatsoße herstellen, darübergießen und gut durchmischen.

Den Roten Gallerttrichter findet man nicht sehr häufig. Er ist ein köstlicher Pilz, roh zu verzehren und äußerst dekorativ.

Vorsicht! Es gibt nur wenige Wildpilze, die roh verzehrt werden dürfen (siehe Kapitel »Pilzverwertung«).

Gekochter Pilzsalat

Geeignete Pilze
Pfifferlinge, Echte Reizker, Violette Rötelritterlinge, Austernseitlinge, Champignons

Zutaten
300–450 g frische Pilze, z. B.:
100 g Reizker oder Pfifferlinge
150 g Rötelritterlinge oder Austernseitlinge
200 g Champignons
2 Frühlingszwiebeln
2 Esslöffel Olivenöl zum Anbraten
Salz, Pfeffer
etwas Zitronenmelisse, gehackt
Parmesan

Marinade
4 Esslöffel Balsamico-Essig
6 Esslöffel Pilz- oder Olivenöl
1/2 Bund Schnittlauch
1 Teelöffel grüner Pfeffer, zerdrückt
Salz, Pfeffer, 1 Prise Zucker

Die Pilze putzen und in Scheiben oder Streifen schneiden (nicht zu klein).
Die Zwiebel in feine Ringe schneiden.
Die Pilze ohne Champignons in einer flachen Pfanne in heißem Öl 10 Minuten andünsten, mit Salz, Pfeffer und Zitronenmelisse würzen.
Die Pilze aus der Pfanne heben und die Zwiebelringe in dem Bratfett mit etwas Wasser zugedeckt etwa 10 Minuten dünsten. Die Zwiebeln vom Feuer nehmen und erkalten lassen. Schnittlauch in Röllchen schneiden, mit den gebratenen Pilzen, den Zwiebeln mit Sud, dem grünen Pfeffer und den rohen geschnittenen Champignons mischen. Die Zutaten für die Marinade verrühren und über den Salat gießen, Parmesan darüberhobeln.
Servieren mit Pizzabrot.

Kleine Portionen sind ausreichend, da der Salat gut sättigt. Gut geeignet für ein kaltes Buffet.

Reizkersalat

Geeignete Pilze
Echter Reizker

Zutaten
- 400 g Echte Reizker
- 1 Zwiebel
- Oliven
- Kapern
- Cornichons

Marinade
- 3 Esslöffel Olivenöl
- 3 Esslöffel Weinessig
- Salz, Pfeffer
- 1/2 Knoblauchzehe
- 1 Prise Zucker

Die in Streifen geschnittenen Reizker kurz in siedendem Salzwasser blanchieren, abschrecken und erkalten lassen. Die Salatschüssel mit einer Knoblauchzehe kräftig ausreiben. Cornichons in dünne Streifen schneiden, Zwiebel, Oliven und Kapern fein hacken. Die Marinade herstellen, alle Zutaten hineingeben, umrühren und einige Zeit ziehen lassen.

Der Salat eignet sich auch als Vorspeise oder für ein kaltes Buffet.

Vorspeisen

Gebratene Ritterlinge

Geeignete Pilze
Violette Rötelritterlinge, Mönchsköpfe, Austernseitlinge

Zutaten
400 g Pilze
3–4 Esslöffel Oliven- oder Pilzöl
5–10 Knoblauchzehen, je nach Größe
1 Teelöffel gehackte Kräuter (Petersilie, Kerbel, Zitronenmelisse, Salbei)
Salz, Pfeffer
Zitrone

Pilze in große Stücke oder Scheiben schneiden und mit dem Öl bestreichen. Die Knoblauchzehen in dünne Scheiben schneiden. Öl in einer großen flachen Pfanne stark erhitzen. Die vorbereiteten Pilze von jeder Seite 2–3 Minuten anbraten. Nach dem Wenden Knoblauchscheiben zugeben und leicht mit anbraten (nicht schwarz werden lassen!). Mit Salz, Pfeffer und Kräutern würzen. Die Knoblauchscheiben auf die Pilze legen, mit Zitrone beträufeln und heiß servieren.
Servieren mit leicht angetoasteten italienischen Weißbrotscheiben.

Die Pilze in der Pfanne nicht übereinanderlegen, bei Platzmangel lieber in mehreren Portionen braten und auf einer Platte warmhalten. Die Pilze am Anfang mit dem Pfannenwender fest andrücken. Austernseitlinge etwas länger braten.

Steinpilz-Carpaccio

Geeignete Pilze
Steinpilze

Zutaten
400–600 g Steinpilze
2 Esslöffel Balsamico-Essig
4 Esslöffel Oliven- oder Steinpilzöl
Salz, Pfeffer aus der Mühle
Parmesan

Die Steinpilze in 2 mm dünne Scheiben schneiden. Bei älteren und größeren Exemplaren werden die Röhren entfernt. Die Pilzscheiben in kochendem Salzwasser sehr kurz blanchieren. Die Pilze auf großen flachen Tellern dekorieren. Öl und Balsamico verquirlen und über die Pilze gießen. Den Parmesan darüberhobeln und mit der Mühle abpfeffern.

Servieren mit Weißbrot und Ruccolasalat.

Das Carpaccio ist auch mit rohen Steinpilzen möglich. Dafür werden die Teller mit den angerichteten Pilzen vor dem Servieren 2–3 Minuten in den Grill geschoben und danach der Parmesan darübergehobelt. Nach Geschmack mit etwas Zitrone beträufeln.

Das Kochwasser von Steinpilzen kann aufgehoben und für Suppen, Soßen oder zur Geschmacksverfeinerung verwendet werden.

Pilz-Crostini

Geeignete Pilze
Champignons oder Gemischte Waldpilze

Zutaten (für 8 Crostini)

- 400 g frische Pilze
- 15 g getrocknete Steinpilze
- 3 Esslöffel Olivenöl
- 2 Tomaten
- 1 Zwiebel
- 50 g magerer Speck
- 2–4 Knoblauchzehen
- Oregano, gemörsert
- Salz, Pfeffer
- 1 Esslöffel Petersilie, gehackt
- 8 Scheiben italienisches Weißbrot
- Parmesan

Die getrockneten Steinpilze 30 Minuten in warmem Wasser einweichen. Die frischen Pilze sehr fein schneiden, die kleinen Exemplare ganz lassen. Das Öl in der Pfanne erhitzen und die fein gehackte Zwiebel mit dem fein geschnittenen Speck kurz anbraten. Frische Pilze und feingehackten Knoblauch zugeben und weitere 5 Minuten braten lassen. Die zerkleinerten, eingeweichten Pilze mit dem Einweichwasser zugeben. Die Tomaten in grobe Stücke schneiden und dazugeben. Solange köcheln, bis die Flüssigkeit verdampft ist, dann mit Oregano, Salz und Pfeffer abschmecken. Die Masse auf die gerösteten Weißbrotscheiben verteilen, mit gehackter Petersilie und geriebenem Parmesan bestreuen. Kurz im vorgeheizten Backofen erwärmen und sofort servieren.

Die Crostini-Pilzmasse kann auch vorher gekocht und nur vor dem Servieren nochmals kurz erwärmt werden. Man kann die Crostini auch mit Pilz-Duxelles herstellen.

Gefüllte Champignons

Geeignete Pilze
Frische oder Zuchtchampignons, Blätterpilze mit noch halb geschlossenen Köpfen

Zutaten
8 mittelgroße Pilze
10 g getrocknete Steinpilze
1 Schalotte
1 Tomate
2 Knoblauchzehen, zerdrückt
2 Esslöffel Semmelbrösel
3–4 Esslöffel Parmesan
2 Esslöffel Butter
2 Esslöffel Olivenöl
2 Esslöffel saure Sahne
1 Teelöffel frischer Thymian, gehackt
1 Esslöffel Petersilie, gehackt
1 Teelöffel Zitronenmelisse, gehackt
Salz
Pfeffer

Die Steinpilze 20 Minuten in warmem Wasser einweichen. Die Pilzstiele der Champignons herausdrehen und mit den ausgedrückten Steinpilzen kleinhacken. Die Tomate in Würfel schneiden. Die Schalotte fein hacken und in Butter glasig dünsten, die gehackten Pilze zufügen und 5 Minuten köcheln. Die Tomate, den Knoblauch und die Kräuter zufügen, Parmesan und saure Sahne unterziehen, mit Salz und Pfeffer würzen. Nicht mehr erhitzen, nur noch etwas ziehen lassen. Eine feuerfeste Form mit Öl auspinseln. Die eingeölten Hüte mit der Masse gut füllen, mit Semmelbröseln bestreuen und im vorgeheizten Backofen bei 200 °C etwa 20 Minuten überbacken.
Warm oder kalt servieren.

Man kann die Füllung auch mit vorhandener Duxelles herstellen.

Pilzragout überbacken

Geeignete Pilze
Steinpilze, Rotkappen, Goldröhrlinge

Zutaten
250 g Steinpilze
2 Schalotten
3 Esslöffel Butter
1/2 Zucchini oder
50 g Erbsen, tiefgefroren
100 g Weißwein
2 Eigelb
2 Esslöffel Bouillon
Salz
Estragon, Kerbel
Worcestersoße
Zitrone
Parmesan

Die Steinpilze in kleine Stücke schneiden und kurz in Butter dünsten. Die Zucchini in kleine Würfel schneiden. Die sehr fein gehackten Schalotten mit den Zucchini oder Erbsen und den getrockneten Kräutern im Weißwein kurz aufkochen und auf ein Drittel der Flüssigkeitsmenge einkochen.
Im Wasserbad das Eigelb mit 2 Esslöffeln Bouillon schaumig schlagen. Die Steinpilz-Gemüsemischung behutsam unterziehen. In kleine feuerfeste Förmchen verteilen, mit Worcestersoße und Zitrone beträufeln. Parmesan frisch darüberhobeln und bei 300 °C mit Oberhitze oder Grill goldgelb überbacken.
Servieren mit Garnelen, Krebsfleisch, oder Spargel und Toast.

Eine sehr feine Vorspeise. Man kann in die Masse auch Garnelen oder Krebsfleischstücke einarbeiten.

Terrine mit Pilzen

Geeignete Pilze
Maronen, Sandröhrlinge, Kuhröhrlinge, Birkenpilze

Zutaten
200 g Pilze gemischt
150 g Gemüse (Möhren, Kohlrabi, Sellerie, Zucchini)
1 Zwiebel
100 g Bratwurstbrät
2 Knoblauchzehen
30 g Butter oder Butterschmalz
20 g Schinkenspeck, klein gewürfelt
2 Scheiben Weißbrot, eingeweicht
1 Ei
50 g Sonnenblumenkerne
Petersilie
Muskat
Salz, etwas Selleriesalz
Semmelbrösel
Öl zum Anbraten

Die Pilze kleinschneiden, das Gemüse feinhacken. Die Zwiebeln und das Gemüse in der erhitzten Butter 20 Minuten gardünsten. Ebenso den Schinkenspeck mit den zerdrückten Knoblauchzehen und den Pilzen in Öl 20 Minuten dünsten. Die gehackte Petersilie zugeben und würzen. Gemüse, Pilze, ausgedrücktes Weißbrot, Ei und geröstete Sonnenblumenkerne noch warm gut vermengen. Bei Bedarf noch Semmelbrösel zufügen, bis der Teig fest ist. Den Teig in eine gefettete, feuerfeste Form füllen und abgedeckt im vorgeheizten Backofen bei 200 °C 30 Minuten backen.

Der Teig sollte fest sein. Man kann Terrinenteig nur schwer abschmecken. Er sollte eher mild schmecken, da sich das Aroma erst beim Backen entfaltet.

Pilzpastete im Blätterteig

Geeignete Pilze
Gemischte Röhren- und Blätterpilze

Zutaten
300 g Pilze
200 g Gemüse (Möhren, Sellerie)
150 g rote Linsen
1 Zwiebel
Petersilie
2 Knoblauchzehen
200 g saure Sahne
30 g Butter
30 g Margarine
2 Eier
2 Scheiben Weißbrot
Salz, Muskat
Korriander, gestoßen
eventuell Pastetengewürz
4 Scheiben Tiefkühl-Blätterteig
1/2 l klare Brühe
etwas Milch
1–2 Teelöffel grüner Pfeffer

Das Gemüse kleingeschnitten in 30 g Butter erhitzen. Die roten Linsen dazugeben, mit der Brühe ablöschen, leicht salzen und 30–40 Minuten köcheln. Dann zerstampfen oder pürieren und erkalten lassen.
Die Pilze und die Zwiebel kleingehackt in der Margarine etwa 10 Minuten dünsten. Die gehackte Petersilie und den zerdrückten Knoblauch dazugeben, salzen und ebenso erkalten lassen. Das Weißbrot, in 2 Eiern eingeweicht, zerdrücken, würzen, und mit Gemüse, Pilzmasse, grünem Pfeffer und saurer Sahne gut vermengen.
Eine Pastetenform mit aufgetauten Blätterteigscheiben auslegen. Den Pastetenteig in die Form füllen. Mit Blätterteig verdeckeln und mit Milch bestreichen. Im vorgeheizten Backofen 30 Minuten bei 200 °C backen.
Warm und in Scheiben geschnitten servieren. Dazu passen Buttererbsen.

Die Pilzpastete kann man auch mit 30–40 g Trockenpilzen herstellen. Sehr delikat mit etwas Worcestersoße.

Blätterteigtaschen mit Pilzfüllung

Geeignete Pilze
Mischpilze

Zutaten
- 200 g Pilze
- 4 Scheiben Tiefkühl-Blätterteig
- 1 Zwiebel, fein gehackt
- 4 Esslöffel Öl
- 2 Esslöffel Mehl
- Petersilie, gehackt
- Liebstöckel, gehackt
- 100 g Sahne
- 1/4 l Brühe
- 4 Esslöffel Weißwein
- Salz, Pfeffer, Curry, Zitrone
- Milch zum Bestreichen

Die Pilze in kleine Stücke schneiden. Die Zwiebeln in Öl erhitzen, dann Pilze, Petersilie und Liebstöckel zugeben. Alles 5 Minuten dünsten, leicht salzen, mit Mehl bestäuben und verrühren. Mit Brühe, Wein und Sahne aufgießen, verrühren und 10 Minuten zu einer halbflüssigen Masse einköcheln lassen. Mit Salz, Pfeffer, etwas Curry und einigen Tropfen Zitrone abschmecken. Die Füllmasse erkalten lassen. Die aufgetauten Blätterteigscheiben nach Gebrauchsanleitung auslegen, mit der Füllmasse belegen und zusammenklappen. Die Ränder mit Milch bestreichen und fest zusammendrücken. Die ganze Tasche mit Milch oder Eigelb bestreichen und auf der Oberseite mit einer Gabel einstechen. Im vorgeheizten Backofen bei 200 °C 15–25 Minuten backen.

Die Fülle eignet sich auch sehr gut für Pastetchen oder Omelette.

Pilzsülze

Geeignete Pilze
In Essig eingelegte kleine Pilze oder Pilzstückchen

Zutaten
1/2 l Glas Essigpilze (siehe Seite 180)
1/8 l Weißwein
1 Päckchen weiße Gelatine

Marinade
2 Knoblauchzehen, halbiert
1 l Wasser
1 Gläschen Mixed Pickles
Salz, Pfeffer

Die Essigpilze abspülen. Mit den Zutaten eine Marinade herstellen und die Pilze darin einige Stunden ziehen lassen. Die Gelatine in einer halben Tasse Wasser vorquellen lassen. Die Pilze aus der Marinade nehmen und beiseite stellen. Die Marinade durchsieben und mit dem Weißwein erhitzen, die Gelatine einlegen und so lange rühren, bis sie vollständig aufgelöst ist.
Entweder Portionsschalen oder eine Schüssel mit kaltem Wasser ausspülen und etwas gelöste Gelatine als Spiegel eingießen. Den Spiegel mit Pilzen und Mixed Pickels belegen. Unten die schönsten Exemplare verwenden, denn nach dem Stürzen ist die Außenseite sichtbar. Dann die warm gehaltene Gelatine aufgießen. Die nächste Schicht Pilze und Mixed Pickels auflegen, wieder begießen. Pilze und Gelatine im Wechsel einfüllen, bis die Form voll ist. Damit es schneller geht, kann man die Form zwischen den einzelnen Schichten kurz in den Kühlschrank stellen. Die gefüllte Form einige Stunden in den Kühlschrank stellen.
Vor dem Stürzen die Form ganz kurz in ein warmes Wasserbad stellen – so stürzt es sich leichter, ohne dass die Gelatine schmilzt.

Ausgebackene Pilze

Geeignete Pilze
Reizker, Perlpilze, Champignons, Pfifferlinge, Steinpilze

Zutaten
500 g feste Pilzhüte (gemischt)
Salz, Pfeffer
Öl zum Ausbacken

Bierteig
200 g Mehl
2 Eier
3 Tassen Bier
Salz

Die Pilzhüte ganz lassen, große Exemplare in Stücke schneiden. Ausnahmsweise die Hüte mit Salz und Pfeffer vorwürzen. Aus Eiern, Mehl, Bier und etwas Salz einen Bierteig herstellen und kurze Zeit ruhen lassen. Die Pilzhüte im Teig wenden und sofort im erhitzten Öl goldgelb ausbacken. Mit dem Schaumlöffel herausheben und auf Küchenkrepp abtropfen. Vor dem Servieren mit Zitrone beträufeln.
Servieren mit Tomatensalat, Feldsalat oder Tsatsiki.

Man kann auch tiefgefrorene Pilzhüte ausbacken. Diese vorher aber nicht auftauen! Wird die Bierteigschicht dicker gewünscht, einfach die Pilze ein zweites Mal im Bierteig wenden und nochmals ausbacken.

Pilzkartoffelpuffer

Geeignete Pilze
Nicht zu feste Mischpilze: Ziegenlippen, Sandröhrlinge, Körnchenröhrlinge, Birkenpilze, Rotkappen

Zutaten
250 g Frischpilze
1 kleine Zucchini
8 Pellkartoffeln
1 kleine Zwiebel
Petersilie, gehackt
Schnittlauch, geschnitten
1 Esslöffel Mondamin
2 Prisen Cumin
Salz, Pfeffer
Öl zum Andünsten

Die frischen Pilze fein schneiden. Die gekochten Kartoffeln noch warm schälen und hobeln. Pilze, Zwiebeln und Zucchini kleinschneiden und mit Petersilie und Schnittlauch 4–6 Minuten in wenig Öl andünsten und würzen. Die Masse mit den Kartoffeln und dem Mondamin vermengen.
Alles auf einer Frischhaltefolie zu einer Rolle wickeln und erkalten lassen. Aus der Folie wickeln und in 2–3 cm dicke Scheiben schneiden, noch etwas flachdrücken und in einer Pfanne mit Öl von beiden Seiten goldgelb braten.
Servieren mit Lachs und Sahnemeerrettich, oder zu einer Salatplatte. Passt auch zu Blattspinat oder Blumenkohl.

Man kann die Küchlein auch von Hand formen, ohne vorher eine Rolle zu wickeln, Dafür die Hände ab und zu mit kaltem Wasser benetzen.

Pilz-Soufflé

Geeignete Pilze
Röhrenpilze, Champignons, Austernseitlinge, Schopftintlinge, Perlpilze

Zutaten
300 g Pilze
200 g Spinat oder Tomaten
1 Schalotte
1 Knoblauchzehe, zerdrückt
2 Esslöffel Öl zum Anbraten
150 ml Milch
2 Esslöffel Mehl
5 Eier
Salz, Pfeffer, Muskat
Parmesan, gerieben

Die Pilze und das Gemüse hacken. Spinat oder gewürfelte Tomaten 3–4 Minuten dämpfen, in einem Sieb abtropfen lassen und zur Seite stellen. Die Schalotte in heißem Öl glasig dünsten, gehackte Pilze und Knoblauch zugeben. 5–10 Minuten garen, bis die Flüssigkeit verdunstet ist. Mit Salz und Pfeffer würzen.
Die Eier trennen. Eigelb schaumig rühren, mit Mehl und Milch verquirlen und mit Salz, Pfeffer und Muskat würzen. Pilze, Spinat und Eigelbmasse vermischen. Den Backofen auf 180 °C vorheizen. Eiweiß zu einem sehr steifen Schnee schlagen. Die Souffléformen ausfetten und mit Parmesan bestreuen. Die Masse kurz erwärmen und 2 Esslöffel Eischnee unterrühren. Dann den restlichen Eischnee sorgsam unterheben und die Förmchen bis kurz unter den Rand füllen. 10–15 Minuten im Backofen goldgelb backen.
Sofort servieren.

Bei Soufflés die Backofentür nicht öffnen, da das Soufflé sonst zusammenfällt! Sehr schmackhaft, braucht aber etwas Zeit.

Flammkuchen mit Pilzen

Geeignete Pilze
Kleine, feste Mischpilze

Zutaten
300 g Mischpilze
80 g gekochter Schinken
20 g Speck
1 große Zwiebel in Streifen
250–300 g Crème fraîche
Muskat, etwas Salz

Brot-Teig
500 g Roggenmehl
10 g Hefe
300 ml lauwarmes Wasser oder Buttermilch
Salz

Die Hefe zerbröseln und mit dem Mehl vermengen, Wasser und Salz dazugeben. Alles gut durchkneten und den Teig in einer Schüssel abgedeckt 2 Stunden warmgestellt gehen lassen. Die Zwiebeln mit Speck und Schinken andünsten, die in dünne Scheiben geschnittenen Pilze 5 Minuten mitdünsten, würzen, Crème fraîche zugeben und nochmals 5 Minuten dünsten. Den Brotteig dünn auf gefettetem Blech auslegen und mit der Masse belegen. Bei 250–300 °C im vorgeheizten Backofen etwa 10 bis 15 Minuten backen. Sofort warm servieren.

Buttermilch macht den Teig mürber. Man kann auch 500 g fertigen Brotteig verwenden. Statt einem großen können mehrere kleine Flammkuchen gebacken werden. Die doppelte Menge schadet nicht, denn viele Gäste bitten um einen Zweiten ...

Quiche mit Pilzen

Geeignete Pilze
Rotkappen, Birkenpilze, Goldröhrlinge, Butterröhrlinge

Zutaten
250 g Röhrenpilze, kleingeschnitten
100 g Schinkenspeck, klein gewürfelt
1/2 Aubergine, in Stückchen
1 Tomate, in Stücken
1 Zwiebel
100 g Gruyere oder Emmentaler
1/8 l Sahne
1/8 l saure Sahne
4 Esslöffel Weißwein
30 g Butter, Salz
3 Stängel Petersilie, gehackt

Teig
200 g Mehl
100 g Schmalz oder Butter
1 Ei
1–2 Esslöffel Wasser
Salz

Teig: Schmalz oder Butter schaumig rühren. Nach und nach alle Zutaten dazugeben, bis der Teig nicht zu klebrig und verwendbar zum Ausrollen ist. Die ausgefettete Springform damit auslegen, den Rand hochdrücken.
Belag: Schinkenspeck mit Butter und kleingehackter Zwiebel in einer Pfanne erhitzen. Die kleingeschnittenen Pilze zufügen, etwa 5 Minuten dünsten. Wein angießen, würzen. Die Petersilie mit süßer und saurer Sahne vermischt dazugeben. Die Tomate und die Aubergine in Stückchen schneiden und zusammen mit dem geriebenen Käse untermischen. Nochmals kurz weiterköcheln, dann erkalten lassen. Auf den ausgelegten Salzteig verteilen. Im vorgeheizten Backofen bei 200 °C circa 30 bis 40 Minuten knusprig backen.

Statt Weißwein kann man auch eine halbe ausgepresste Zitrone nehmen.

Hauptgerichte

Pilztorte

Geeignete Pilze
Mischpilze

Zutaten
200 g Pilze
150 g Lauch, in Ringen
1 kleine Zucchini, gewürfelt
1 große Zwiebel
2 Tomaten
30 g Schinkenspeck
3 Eier
200 g süße Sahne
200 g saure Sahne
4 Esslöffel Pflanzenöl
Muskat, Anis, Salz, Pfeffer
500 g Tiefkühl-Blätterteig

Die Pilze in Scheiben schneiden. Die Zwiebel hacken. Beides in der Hälfte des Öls 10–15 Minuten dünsten und leicht salzen. Tomaten und Speck würfeln, zusammen mit Lauch und Zucchini getrennt im restlichen Öl 5–10 Minuten dünsten und leicht mit Pfeffer und Salz würzen.
Eine feuerfeste Form mit Öl ausfetten und mit dem aufgetauten Blätterteig auslegen. Den Rand gut andrücken, den Boden mehrmals mit einer Gabel einstechen. Die Pilz- und Gemüsemasse vermengen und in die ausgelegte Form füllen. Süße und saure Sahne mit den Eiern verschlagen, mit Salz, Pfeffer, Anis und Muskat kräftig würzen und über die Pilz-Gemüsemasse gießen. Im vorgeheizten Backofen bei 250 °C circa 30–40 Minuten backen.

Gratin mit Steinpilzen

Geeignete Pilze
Getrocknete Steinpilze, größere Scheiben

Zutaten
1 kg Kartoffeln, festkochend
30–40 g getrocknete Steinpilze
1/4 l Milch
1/8 l süße Sahne
70 g Gruyère
2 Eier
Majoran, Muskat
Petersilie, gehackt
Salz, Pfeffer
Knoblauch, Butter

Die Kartoffeln schälen und in sehr dünne Scheiben hobeln. Mit Majoran, Petersilie, Muskat, Pfeffer und Salz würzen, alles gut vermischen – mit Salz nicht sparen! Eine möglichst flache feuerfeste Auflaufform gründlich mit Knoblauch ausreiben und gut ausbuttern. Eine Schicht Kartoffeln einlegen, dann eine Schicht Steinpilze und so weiter im Wechsel. Die letzte Schicht sind Kartoffeln. Die Sahne mit der Milch und den Eiern verquirlen und nochmals leicht würzen. Die Kartoffeln damit bis kurz unter die oberste Schicht begießen. Mit Gruyère bestreuen und reichlich Butterflöckchen aufsetzen.
Im vorgeheizten Backofen bei 180° C etwa 40–50 Minuten backen. Nach circa 25–30 Minuten, wenn die Oberschicht goldgelb ist, die Form mit Alufolie abdecken und fertig backen.

Auch sehr schmackhaft mit getrockneten Mischpilzen.

Zucchini überkrustet

Geeignete Pilze
Gemischte Waldpilze

Zutaten
300 g Pilze, gehackt
4 kleine oder eine große Zucchini
1 Zwiebel, kleingehackt
2 Knoblauchzehen, zerdrückt
1 Tomate
Petersilie
2 Esslöffel Semmelbrösel
150 g saure Sahne
10 g Parmesan, gerieben
2 Esslöffel Olivenöl
30–40 g Butter
Salz, Pfeffer, Thymian

Soße
400 g Naturjoghurt
3 Esslöffel Tomatenmark

Die kleinen Zucchinis der Länge nach durchschneiden, die große in 5 cm dicke Ringe. Die Zucchinis aushöhlen und das Innere kleinhacken. Die Tomaten würfeln, mit Zwiebel, Petersilie, Knoblauch und den Pilzen in Butter unter Rühren gut anbraten. Immer wieder mit dem Wender andrücken, damit die Feuchtigkeit entweicht. Nach 5 Minuten die Zucchinimasse dazugeben und auf kleiner Flamme noch 10 Minuten dünsten. Mit Salz, Pfeffer und Thymian würzen. Die Semmelbrösel in Butter leicht anbräunen und untermischen. Die ausgehöhlten Zucchini kurz in Olivenöl anbraten und mit der Masse füllen. Die saure Sahne mit dem Parmesan vermengen und die gefüllten Zucchini damit bedecken. In feuerfester Form im vorgeheizten Grill oder Backofen bei 250 °C kurz überkrusten. Joghurt mit Tomatenmark zu einer gleichmäßigen Soße verrühren und vor dem Servieren über die Zucchini gießen.
Servieren mit Reis oder Kartoffeln.

Ratatouille mit Pilzen

Geeignete Pilze
Mischpilze, Perlpilze, Maronen, Birkenpilze, Rotfußröhrlinge

Zutaten
400 g Mischpilze
1 rote oder gelbe Paprikaschote
2 Gemüsezwiebeln
2 kleine Zucchini
1 Aubergine oder 150 g Bohnen
2 Tomaten
Oregano, Thymian
Rosmarin oder Bohnenkraut
Knoblauch
4–6 Esslöffel Olivenöl
Saure Sahne oder Joghurt
1 Tasse Gemüsebrühe
Salz, Pfeffer

In 2 großen Pfannen zubereiten. Das Gemüse in Würfel oder Streifen schneiden. Die Zwiebeln in Streifen schneiden und zusammen mit dem kleingehackten Knoblauch in Öl erhitzen. Die anderen Zutaten nach und nach in folgender Reihenfolge zugeben: Paprika, Aubergine oder Bohnen, Zucchini.
Die geschnittenen Pilze und die Tomaten in einer zweiten Pfanne dünsten. Später alles zusammenbringen und gut durchmischen. Brühe angießen. Dann die Kräuter und Gewürze zufügen und bei kleiner Flamme etwa 30 Minuten schmoren lassen. Abschmecken – der Geschmack darf kräftig sein. Wenn nötig, nochmals etwas Flüssigkeit nachgießen.
Servieren mit einem Klecks saurer Sahne oder Joghurt. Als Beilage zu Lamm oder Steak. Als Eintopf mit Baguette oder Kartoffeln.

Die frischen Gewürze erst etwa 10 Minuten vor dem Ende der Kochzeit beigeben, da dann das Aroma erhalten bleibt.

Pilzpfanne

Geeignete Pilze
Gemischte frische Waldpilze

Zutaten
600–700 g gemischte Waldpilze
2–3 Zwiebeln
1 Bund glatte Petersilie, gehackt
1 Esslöffel Zitronenmelisse, gehackt
2 Tomaten
1 Knoblauchzehe, zerdrückt
6 Esslöffel Pflanzenöl
Salz
weißer Pfeffer aus der Mühle
etwas Butter

Die Zwiebeln in dünne Streifen schneiden. Die geschnittenen Pilze in Öl mit den Zwiebeln unter öfterem Wenden etwa 10 Minuten in einer großen oder zwei Pfannen anbraten. Die Petersilie, die Zitronenmelisse, die in dünne Scheiben geschnittenen Tomaten und den Knoblauch zugeben, weitere 5 Minuten dünsten. Die Butter zufügen, salzen und pfeffern.
Beim Arbeiten mit zwei Pfannen: Jeweils ein Drittel der Menge in sehr heißem Öl anbraten, bis ein großer Teil der Flüssigkeit eingekocht ist. In die zweite Pfanne geben und dort auf kleiner Flamme weiterdünsten. Genauso mit dem Rest verfahren.
Servieren mit Salz-, Pell- oder Petersilienkartoffeln und einer Soße aus Joghurt und Sahne.

Das klassische Pilzgericht nach einer Pilzwanderung. Geeignet sind alle Pilze, die keine spezielle Behandlung oder Zubereitung benötigen. In dieser Vielfalt können auch nicht hochwertige Arten zur Geltung kommen.

Pilzgeschnetzeltes

Geeignete Pilze
Austernseitlinge, Violette Rötelritterlinge, Ziegelgelbe Schleimköpfe, feste Lamellenpilze

Zutaten
600 g Pilze
2 Zwiebeln
Salz
Chinagewürz
Zitronenmelisse
Wasser
250 g Sahne
Sojasoße
Öl zum Anbraten

Die gereinigten Pilze und Zwiebel in Streifen schneiden und mit Öl gut anbraten und würzen. Die gehackte Zitronenmelisse zugeben. Mit etwas Wasser ablöschen, Sahne angießen und 4 Minuten einköcheln lassen, etwas Sojasoße zugeben.
Servieren mit Reis, Nudeln oder Kartoffeln.

Sehr schnell und einfach in der Zubereitung. Feste Pilze sind für Geschnetzeltes ebenso geeignet wie Puten- oder Kalbfleisch.

Gut im Biss – Austernseitlinge.

Pilzgulasch

Geeignete Pilze
Mischpilze, Feste Röhrenpilze, Perlpilze, Parasole, Ziegelgelbe Schleimköpfe, Rötelritterlinge

Zutaten
500–600 g Mischpilze
einige Trockenpilze
1 große Paprikaschote
1 Zwiebel
1 Tomate
1 Esslöffel Tomatenmark
2 Knoblauchzehen
6–8 Esslöffel Olivenöl
Majoran, getrocknet
Thymian, getrocknet oder frisch
Salz
Pfeffer
Paprika
0,5 l dünne Brühe

Die Mischpilze in grobe Würfel schneiden. Paprika, Tomate und Zwiebel würfeln. Die Zwiebelwürfel in großer oder in 2 Pfannen mit heißem Öl erhitzen. Nacheinander Paprika, Pilze, Tomaten und zerdrückten Knoblauch zugeben. Einige Minuten wenden, bis die Flüssigkeit verdampft und ein Bratensatz entstanden ist. Tomatenmark darübergeben, umrühren, mit Brühe und dem Einweichwasser ablöschen. Getrocknete Gewürze gemörsert, frische gehackt zugeben, 30 Minuten garen und abschmecken.
Servieren mit Kartoffeln.

Ein einfaches, kräftiges, immer schnell zubereitetes Rezept. Zur Aromaverstärkung kann man auch Pilzpulver oder eingeweichte Pilze verwenden.

Austernseitlinge mit Spinat

Geeignete Pilze
Austernseitlinge, Violette Rötelritterlinge, Mönchskopf, Echter Reizker

Zutaten
800 g frische Pilze
1 kg Blattspinat
1 kleine Zwiebel
Salz
3–4 Knoblauchzehen
1/2 Zitrone
Muskat
Olivenöl
250 g Sahne
1 Esslöffel Parmesan
Parmesan zum Reiben

Gereinigte Pilze in Gabelhappen schneiden. Sehr feste Stielstücke entfernen. In einer Pfanne mit Olivenöl von beiden Seiten gut anbraten, die Knoblauchscheiben darüber geben, salzen und nochmals kurz weiterbraten. Vom Feuer nehmen und warmstellen. In einem großem Topf die Zwiebelwürfelchen mit etwas Öl kurz andünsten, den Blattspinat dazu geben und kurze Zeit dämpfen, bis er weich, aber nicht verkocht ist. Mit Salz, Muskat und Zitrone würzen und die Sahne angießen.

Soße: Die Spinatbrühe in einem kleinen Topf leicht kochen und einen Esslöffel frisch geriebenen Parmesan unterrühren.

Servieren: Den Spinat auf vorgewärmten Tellern anrichten, die Austernseitlinge darauf legen, mit der Soße übergießen und frischen Parmesan darüberhobeln. Dazu passen Kartoffeln.

Parasolschnitzel

Geeignete Pilze
Parasolhüte

Zutaten
4 große oder mehrere kleine, flache Parasolhüte
2–3 Eier
2 Esslöffel Petersilie, feingehackt
Semmelbrösel
etwas Mehl
Salz, Pfeffer
Öl zum Braten

Die Parsolhüte reinigen (nicht waschen!), die Oberseiten leicht befeuchten. Die Hüte leicht salzen und pfeffern. Die Eier mit Petersilie, Salz und Pfeffer verquirlen. Die Hüte in der Eimasse wenden, danach in einer Mischung aus Semmelbröseln und etwas Mehl. Sie sollen lückenlos von der Panade bedeckt sein. In der Pfanne reichlich Öl erhitzen. Die Hüte einzeln von jeder Seite etwa 3–5 Minuten behutsam braten, bis sie schön goldbraun sind. Auf einer vorgewärmten Platte sofort servieren. **Servieren** mit Zitronen, Kräuterbutter oder Soße-Tatare. Dazu Salate oder Kartoffeln reichen.

Auch geeignet sind Reizkerhüte, Austernseitlinge oder Steinpilze in Scheiben. Kleine Hüte ergeben eine delikate Vorspeise. Man kann als Variante auch mit etwas Curry oder Paprika würzen. Die Stiele des Parasol sind zum Kochen und Trocknen ungeeignet, sie ergeben aber mit anderen Pilzen zusammen ein gemischtes, würziges Waldpilzpulver.

Gegrillte Steinpilze

Geeignete Pilze
Große Steinpilze

Zutaten (pro Person)
- 150–200 g Steinpilze
- Oliven- oder Knoblauchöl
- 1 Esslöffel glatte Petersilie
- Salz, Pfeffer aus der Mühle

Die Pilze in 3–4 mm dicke Scheiben schneiden. Die Petersilie geschnitten unter das Öl mischen, die Pilzscheiben damit bestreichen und salzen. Die Pilze 3–4 Minuten grillen. Auf Tellern anrichten und mit der Mühle grob abpfeffern.
Servieren mit gröstetem italienischem Weißbrot.

Man kann auch die ganzen Hüte oder kleinere Pilze längs halbiert 4–6 Minuten grillen. Dabei zuerst die Unterseite auf den Grill setzen, anschließend umdrehen und noch etwas Öl und Petersilie in die Hüte geben. Eine delikate Ergänzung ist Stangenspargel.

Pfifferlinge mit Rotwein

Geeignete Pilze
Pfifferlinge

Zutaten
600–700 g Pfifferlinge
70 g Schinkenspeck
1 Zwiebel
Speiseöl
1/8 l Wasser
1/8 l saure Sahne
1/4 l süße Sahne
1/8 l Rotwein
1 Bund Petersilie
1 Teelöffel Waldhonig
Mehl zum Bestäuben
Salz, Pfeffer

Den gewürfelten Schinkenspeck bei starker Hitze auslassen und die gehackte Zwiebel darin glasig dünsten. Die geputzten Pilze nicht zu klein schneiden, dazu geben und mit etwas Öl schmoren, bis die Flüssigkeit verdunstet ist. Die gehackte Petersilie beigeben, mit Salz und Pfeffer würzen und unter ständigem Rühren noch kurz weiterköcheln. Wasser und süße Sahne angießen und 15–20 Minuten bei schwacher Hitze weitergaren. Zuletzt saure Sahne mit Rotwein verquirlen und unterrühren. Nicht nochmals aufkochen lassen!
Servieren mit Rösti oder Knödeln.

Bei Pfifferlingen ist die lange Kochzeit notwendig, da sie sonst schwer verdaulich sind.

Pfifferlinge in Sahnesoße

Geeignete Pilze
Alle Pfifferlingsarten, Semmelstoppelpilze, auch gemischt

Zutaten
600 g frische Pfifferlinge
2 Zwiebeln
20 g Butter
20 ml Pflanzenöl
300 g Sahne
200 g Crème fraîche
1/8 l kräftige Hünerbrühe
Salz, Pfeffer, Curry

Die geputzten Pilze schneiden, kleine Exemplare ganz lassen, große halbieren oder dritteln. Pfifferlinge haben einen guten Biss und sollten deshalb nicht zu klein geschnitten werden.

Die Pilze in heißer Butter und Öl mit den Zwiebeln 5 Minuten anbraten. Mit der Brühe ablöschen und 15 Minuten weiterköcheln. Sahne und Crème fraîche miteinander verquirlen und unterziehen. Mit den Gewürzen abschmecken.
Servieren mit Semmelknödeln oder Kartoffeln.

Diese Mahlzeit kann man auch mit anderen festen Pilzen kochen.

Hauptgerichte

Omelette mit Pilzfülle

Geeignete Pilze
Champignons, Schopftintlinge, Mischpilze

Fülle
250 g Pilze
1 Zwiebel
3 Stängel Petersilie, gehackt
etwas gepresste Zitrone
Mehl zum Bestäuben
100 g Sahne
1/8 l Brühe oder Wasser
Salz, Pfeffer, Curry
Butter oder Öl

Omelette
8 Eier
5 Esslöffel Milch
Butter zum Backen

Die Pilze mit der feingehackten Zwiebel in Butter andünsten und leicht salzen, mit Mehl bestäuben und verrühren. Mit Brühe und Sahne ablöschen, mit Salz, Pfeffer, Zitrone und Curry abschmecken. Petersilie zugeben und weiter einköcheln, bis eine halbflüssige Masse entsteht.
Die Eier mit der Milch und einer Prise Salz verquirlen. In einer großen Pfanne Butter erhitzen und aus einem Viertel des Teiges ein Omlette backen. Bevor die Oberfläche ganz durchgebacken ist, auf die eine Hälfte ein Viertel der Pilzfüllung geben. Das Omlette mit dem Pfannenwender in der Mitte zusammenklappen und abgedeckt noch etwas bei kleiner Flamme weiterbacken. Vorsichtig auf einen vorgewärmten Teller oder eine Platte gleiten lassen und warmhalten. Dann die restlichen drei Omelette backen.
Servieren mit Salat.

Ein Rezept für die kleine Ernte. Auch gut zu bereiten mit tiefgefrorenen Pilzen.

Pilzpfannkuchen

Geeignete Pilze
Röhrenpilze, Pfifferlinge, Champignons, Austernseitlinge, Perlpilze oder Reizker, am besten gemischt

Zutaten (4 Pfannkuchen)
400–500 g Pilze
1 große Zwiebel
2 Tomaten
150 g Schinkenspeck
Petersilie
Öl
Salz
Pfeffer

Teig
250 g Mehl
3–4 Eier
1/2 l Milch
Salz

Die Pilze und Tomaten in Stücke schneiden. Die Zwiebel hacken und mit dem Schinkenspeck in heißem Öl in einer Pfanne 2–3 Minuten anbraten. Pilze und Tomaten dazugeben und etwa 10 Minuten dünsten, Petersilie zugeben und würzen.
Die Zutaten für den Teig zu einem lockeren Pfannkuchenteig verrühren. Die Pfannkuchen einzeln backen. Zuerst etwas Teig in die geölte Pfanne geben, so dass der Boden gut bedeckt ist. In die noch flüssige Schicht die Pilzmasse verteilen. Mit Teller oder Deckel wenden.

Man kann die Pilzmasse auch kleiner hacken und gleich in den Teig einarbeiten.

Pilz-Mussaka

Geeignete Pilze
Mischpilze, Röhrenpilze, Champignons

Zutaten
250 g frische Pilze oder
35 g Trockenpilze
3 Auberginen
1 große Zwiebel
250 g Hackfleisch
5 Kartoffeln
3 Esslöffel Tomatenmark
1/8 l Pilzwasser oder Brühe
2–3 Knoblauchzehen
5 Esslöffel Olivenöl
Thymian, Rosmarin
Salbei, Koriander
Salz, Pfeffer, Paprika

Guss
2 Becher Joghurt
3 Eier
2 Esslöffel Mehl
Salz

Die Auberginen und die Zwiebel würfeln. Die Kartoffeln in dünne Scheiben schneiden. Die Zwiebeln mit dem Hackfleisch in 2 Esslöffeln Öl anbraten. Frische geschnittene oder eingeweichte und ausgedrückte Pilze dazugeben und mitdünsten, würzen. Den zerdrückten Knoblauch und das Tomatenmark zugeben, nach 10–12 Minuten mit dem Pilzwasser oder der Brühe ablöschen und einkochen lassen.
In einer zweiten Pfanne die Auberginen in 3 Esslöffeln Öl kurz anbraten und salzen. Eine Auflaufform mit Knoblauch ausreiben und gut fetten. Mit den rohen Kartoffelscheiben auslegen und etwas salzen. Die Pilz-Hackmasse darüber schichten, dann eine Schicht Auberginen und so weiter im Wechsel. Die letzte Schicht besteht aus rohen Kartoffeln, etwas gesalzt. Den Auflauf im vorgeheizten Backofen bei 200 °C etwa 40 Minuten backen.
Die Zutaten für den Guss miteinander verquirlen und die Mussaka damit gut bedecken. Weitere 10 Minuten überbacken, bis eine herrliche Kruste entstanden ist.

Für Vegetarier kann man die Mussaka auch ohne Hackfleisch machen. Dafür einfach die Pilz- und Auberginenmenge entsprechend erhöhen. Man kann auch frische und Trockenpilze mischen.

Glucke mit Lauch

Geeignete Pilze
Krause Glucke, frisch oder getrocknet

Zutaten
350 g frische oder
50 g getrocknete eingeweichte
Krause Glucke
1 Stängel junger Lauch
1/2 l Hühnerbrühe
Liebstöckel oder Petersilie
Muskat
Salz
2 Esslöffel Weißwein
Paranüsse
Öl zum Anbraten

Die Gluckenröschen und den Lauch getrennt in je 2–3 Esslöffeln Öl 5 Minuten anbraten. Danach Pilze und Lauch zusammen weitere 3 Minuten dünsten. Mit der Hühner-

brühe ablöschen und etwas einkochen lassen. Mit einer Prise Muskat, Liebstöckel und Salz würzen, den Weißwein zugeben und noch ganz kurz weiterköcheln. Vor dem Servieren Paranüsse darüberhobeln oder raspeln.
Servieren mit Kartoffeln oder Reis.

Als besonders delikate Variante kann man statt Lauch auch 300 g Frühlingszwiebeln nehmen, die in größeren Städten fast ganzjährig zu haben sind. Man kann das Gericht auch mit tiefgekühlter Krauser Glucke oder mit Austernseitlingen zubereiten.

China-Pfanne mit Pilzen

Geeignete Pilze
Herbsttrompeten, Kaffeebraune Trichterlinge, Morcheln, Lila Lacktrichterlinge, Champignons.

Zutaten
300 g frische oder
40 g getrocknete Pilze
(oder gemischt)
1 kleine Zwiebel
je 1/2 gelbe, rote und grüne Paprika
2 Karotten
1 kleine Stange Lauch oder
Chinakohl
150 g frische Sojasprossen
20 g Glasnudeln
1 Zitronenblatt oder Zitronengras
2 Teelöffel dunkle Sojasoße
Chinagewürz
Pflanzenöl, Salz, Pfeffer

Getrocknete Pilze 30 Minuten in warmem Wasser einweichen. Die Pilze nicht zu klein schneiden. Zwiebeln und Paprika in schmale Streifen schneiden, die Karotten in dünne Scheiben oder Stifte und den Lauch in dünne Ringe schneiden. Im Wok oder einer tiefer Pfanne in wenig Pflanzenöl der Reihe nach Zwiebeln, die ausgedrückten Pilze und die Gemüse je 3 Minuten dünsten. Die Gewürze zugeben und feucht halten, indem man nach und nach etwas Pilzwasser angießt. Abschmecken. Die gekochten Glasnudeln am Schluß untermischen.
Servieren mit Basmati- oder Langkornreis.

Das Gericht kann auch mit 1–2 Esslöffeln Reismehl oder Speisestärke gebunden werden. Schmeckt »verschärft« mit Sambal.

Asiatische Pilzpfanne

Geeignete Pilze
Mischpilze, Champignons, Mohrenköpfe, Lacktrichterlinge, Austernseitlinge

Zutaten
500 g Pilze
1 große oder 2 kleine Zwiebeln
6 Esslöffel Öl
3 Paprikaschoten (grün, rot, gelb)
1/2 Apfel
1 1/2 Tassen Langkornreis
3 Tassen Hühner- oder Gemüsebrühe
je 2 Prisen Kreuzkümmel und Estragon
1 Teelöffel frisch gepressten Ingwer oder 4 Prisen Ingwerpulver
1 Messerspitze Safran
etwas Salz
schwarzer Pfeffer

Die in Streifen geschnittenen Paprika zusammen mit dem Reis in etwas Öl und den Gewürzen andünsten. Mit Hühnerbrühe ablöschen, den kleingeschnittenen Apfel zufügen und etwa 20 Minuten auf kleiner Flamme kochen. Der Reis soll trocken und körnig sein. In einer separaten Pfanne die in Streifen geschnittenen Zwiebeln und Pilze im restlichen Öl 12–15 Minuten braten und leicht salzen. Beides zusammengeben, Safran zufügen, gut vermengen und gleich servieren.

Ein schnelles, leichtes und schmackhaftes Gericht.

Pilzrisotto

Geeignete Pilze
Getrocknete Steinpilze, Maronen, Champignons oder andere Trockenpilze

Zutaten
50 g getrocknete Steinpilze
300 g Risotto-Reis (Carnaroli oder Arborio)
1 Zwiebel
3 Esslöffel Olivenöl
20–30 g Butter
1/4 l Weißwein
3/4 l heiße Hühner- oder Rinderbrühe
50 g frischer Parmesan
Salz
Pfeffer

Die Trockenpilze etwas zerkleinern und eine halbe Stunde in warmem Wasser einweichen. Die kleingehackte Zwiebel in der Butter goldgelb werden lassen, den Reis zugeben und rühren, bis er glasig wird. Mit Weißwein ablöschen und die Pilze mit dem Einweichwasser zugeben. Unter ständigem Rühren weiterkochen.
Wenn die Flüssigkeit eingekocht ist, nach und nach die Brühe angießen, etwa 20–25 Minuten. Mit Salz und Pfeffer abschmecken, etwas Butter und die Hälfte des geriebenen Parmesan untermischen, mit der anderen Hälfte das Risotto bestreuen. Sofort servieren. Man kann das Pilzrisotto auch mit Muskat, Zitronenmelisse oder Thymian würzen.
Servieren mit Salat, oder mit frischen, in Butter gedünsteten Steinpilzen.

Für dieses Rezept sind getrocknete Pilze wegen ihres Aromas sehr geeignet. Nimmt man zur Hälfte frische Pilze, sollte man diese erst später zugeben. Das Risotto muß noch schön feucht sein, das heißt, den Reis nicht zu weich kochen oder wärmen.

Pilz-Gnocchi

Geeigenete Pilze
Röhrenpilze oder Mischpilze, nicht zu feste Exemplare

Zutaten
250 g frische Pilze oder
30 g getrocknete Pilze oder
6 Esslöffel Pilzpulver
1 kg mehligkochende Kartoffeln
2 Eier
5–6 Esslöffel Mehl
etwas Petersilie, feingehackt
3 Knoblauchzehen, zerdrückt
etwas Selleriesalz
4 Esslöffel Butter
Salz, Pfeffer, Muskat

Soße
250 g Sahne
1 Teelöffel Weißwein
1 Prise Muskat
Salz, Pfeffer aus der Mühle
Parmesan zum Bestreuen

Die Kartoffeln am Vortag kochen. Getrocknete Pilze einweichen. Die Butter zerlassen, die kleingehackten Pilze oder das Pilzpulver darin andünsten. Dann die Gewürze hinzufügen. Die Kartoffeln schälen und durch die Kartoffelpresse drücken oder rebeln. Verquirlte Eier mit Mehl und etwas Salz mischen und dazugeben. Die Pilz- und Kartoffelmasse würzen und gut zu einem Teig durchkneten. Ist der Teig noch zu klebrig, etwas Mehl einkneten. Aus dem Teig daumendicke Rollen formen und 2 cm dicke Scheiben abschneiden. Die Scheiben von einer Seite mit der Gabel eindrücken. Gnocchi in kochendes Salzwasser geben und etwa 6–8 Minuten gar kochen, bis sie oben schwimmen. Mit einem Schaumlöffel herausheben und warmstellen.
Für die Soße 250 g Sahne auf kleiner Flamme einköcheln, mit Salz und etwas Muskat würzen und mit Weißwein abschmecken.

Servieren mit weißem Pfeffer aus der Mühle und frisch geriebenem Parmesan.

Tagliatelle mit Rötelritterling

Geeignete Pilze
Violette Rötelritterlinge

Zutaten
200 g Pilze
1 Zwiebel
1/2 Aubergine
2 Tomaten fein
1 Esslöffel flache Petersilie, gehackt
4 Esslöffel Olivenöl
2 Knoblauchzehen
etwas Sahne
Oregano, Thymian
Salz, Pfeffer
500 g Tagliatelle

Die kleingehackte Zwiebel in Öl glasig dünsten, die gewürfelten Auberginen und die geschnittenen Pilze, etwas später die feingewürfelten Tomaten, Petersilie und den zerdrückten Knoblauch zugeben. Einige Minuten abgedeckt dünsten. Mit den Gewürzen abschmecken. Zuletzt einen Schuss Sahne unterrühren.
Die Soße mit den gekochten Tagliatelle oder Fettuccine servieren. Nach Geschmack mit Parmesan bestreuen.

Auch zu empfehlen mit Austernseitlingen. Anstatt Tomaten etwas Tomatenmark und mehr Pilze – das macht das Gericht noch »pilziger«.

Ravioli mit Pilzfülle

Geeignete Pilze
Steinpilze, Maronen, andere Röhrenpilze, Champignons

Fülle
400–500 g frische Pilze oder
60–70 g Trockenpilze, eingeweicht
1 große Zwiebel
1 Esslöffel Butter

2 Esslöffel Sahne
3 Stängel Petersilie
1 Teelöffel Oregano
1 Teelöffel Mehl
2 Esslöffel Parmesan, gerieben
Salz
Pfeffer
1 Ei zum Bestreichen

Teig
400 g Mehl
4 Eier
Salz

Soße
250 g Sahne
30 g Crème double
4–6 Esslöffel Weißwein
Salz, Pfeffer aus der Mühle
Parmesan zum Bestreuen

Teig: Aus Mehl, Eiern und etwas Salz einen Nudelteig kneten und abgedeckt etwa eine Stunde ruhen lassen.

Fülle: Die Zwiebel und die Pilze sehr fein gehackt in der Butter so lange anbraten, bis die Flüssigkeit eingekocht ist. Petersilie und Oregano zugeben, mit Mehl bestäuben und kurz weiterdünsten. Mit der Sahne ablöschen, kurz aufkochen und den Parmesan unterrühren. Mit Salz und Pfeffer abschmecken.
Den Nudelteig nochmals kurz durchkneten und sehr dünn auf einem gemehlten Brett ausrollen. Kreise oder Quadrate ausstechen. Die Hälfte davon mit Pilzfüllung belegen, den Rand mit Ei bestreichen, die Ränder sehr gut zusammendrücken. Die Ravioli in kochendem Salzwasser etwa 5 Minuten nicht zu weich kochen, warmstellen.
Soße: Sahne, Crème double und Wein aufkochen und etwas einkochen lassen, mit Salz und Pfeffer abschmecken.
Servieren auf vorgewärmten Tellern. Mit Sahnesoße übergießen.

Spaghettisoße mit Wildpilzen

Geeignete Pilze
Mischpilze, Waldchampignons, Stockschwämmchen, Trompetenpfifferlinge

Zutaten
200 g gemischte Waldpilze
1/2 Zwiebel
2 Tomaten
3 Knoblauchzehen
4 Esslöffel Olivenöl
Thymian, Oregano
etwas frischer Basilikum, gehackt
1/8 l Klare Brühe
Zitronensaft
Salz, Pfeffer
Parmesan
500 g Spaghetti

Die gehackten Knoblauchzehen mit Salz zerdrücken. Die feingehackten Zwiebeln und die gewürfelten Tomaten in heißem Olivenöl andünsten. Geschnittene Pilze, Knoblauch und Gewürze zugeben. Die Klare Brühe angießen und 20 Minuten köcheln. Direkt mit den gekochten Spaghetti oder Fettuccine servieren. Nach Geschmack mit Parmesan bestreuen.

Ein schnell zubereitetes Gericht, das sich nach der kleinen Pilzwanderung immer anbietet. Auch delikat mit jungen, in Salzwasser vorgekochten Hallimasch, dabei wird aber das Kochwasser nicht verwendet. Schmeckt »verschärft« mit mehr Knoblauch oder auch etwas Peperoni.

Pappardelle mit Steinpilzen

Geeignete Pilze
Steinpilze

Zutaten
120–150 g frische Steinpilze
10 g getrocknete Steinpilze
1 kleine Zwiebel
125 g Butter
100 g Sahneschmelzkäse
500 g Sahne
50 g gekochter Schinken
Salz
Pfeffer aus der Mühle
500 g Pappardelle

Die Steinpilze 30 Minuten einweichen. Die Butter zerlassen und die sehr fein gehackte Zwiebel goldgelb dünsten, mit der Hälfte der Sahne ablöschen und den Schmelzkäse in kleinen Stückchen darin auflösen.

Frische und getrocknete Pilze zusammen mit dem Einweichwasser zugeben und 15 Minuten köcheln. Mit Salz und reichlich Pfeffer aus der Mühle würzen.
Den Schinken in Streifen schneiden, in einer Pfanne kurz anbraten und zur Soße geben. Die restliche Sahne zugeben und noch kurz köcheln lassen. Die al dente gekochten Pappardelle auf vorgewärmte Teller geben, mit Soße übergießen und mit Pfeffer aus der Mühle abpfeffern.

Für die »Königin der Pastasoßen« hat unser Freund Frieder, ein exzellenter Hobbykoch, sein Geheimnis verraten: Er »bindet« die Soße mit einigen in Öl weich gebratenen, zerdrückten Steinpilzscheiben. Dadurch benötigt er weder Sahne noch Schmelzkäse.

Pilzpizza

Geeignete Pilze
Steinpilze, Austernseitlinge, Violette Rötelritterlinge, Champignons, Mischpilze

Zutaten
(für 2 große oder 4 kleine Pizzen)

Teig
250 g Mehl
1/8 l Wasser
20 g Hefe
Salz
1 Esslöffel Olivenöl

Belag
250 g Pilze
1 kleine Dose Tomaten
150 g Mozarella
2–3 Knoblauchzehen
1/2 Zwiebel in Streifen
1 Teelöffel Oregano, getrocknet
1 Teelöffel Thymian,getrocknet
1/2 Teelöffel Rosmarin, getrocknet
5 Esslöffel Oliven- oder Knoblauchöl
Salz
Pfeffer

Teig: Das Mehl in eine Schüssel geben, in die Mitte eine Mulde drücken und die Hefe hineinbröseln. Etwa 1/8 Liter lauwarmes Wasser zugeben und alles verrühren. Abgedeckt 15–20 Minuten ruhen lassen. Öl, Salz und etwas Wasser zugeben und sehr gut durchkneten. Noch etwas Öl zugeben, bis der Teig geschmeidig ist. Abgedeckt bei warmer Temperatur eine Stunde ruhen lassen, bis der Teig aufgegangen ist.
Belag: Die geschnittenen Zwiebeln und die Pilze in der Pfanne mit 2 Esslöffeln Olivenöl kurz andünsten, mit Salz würzen. Den Pizzateig in zwei oder vier Teile schneiden, auf einem gemehltem Brett zu dünnen Pizzaböden ausrollen und auf ein gut gefettetes Blech legen.

Den Pizzateig gut mit Öl bestreichen, die abgetropften, zerdrückten Tomaten, den zerkleinerten Mozarella, die Pilze, Zwiebeln und die gemörserten Kräuter darauf verteilen, mit Salz und Pfeffer würzen. Mit Öl beträufeln und im auf 225 °C vorgeheizten Backofen 10–15 Minuten backen.

Mit einem fertigem Pizzateig geht das Ganze natürlich einfacher und schneller.

Lasagne mit Pilzen

Geeignete Pilze
Steinpilze, Frauentäublinge, Gefelderte Täublinge, Mischpilze

Zutaten
300 g Pilze
20 g Trockenpilze
200 g Hackfleisch
2 Zwiebeln, in Streifen
1/2 Bund Petersilie
1 kleine Dose Tomaten
1 Karotte
150 g Staudensellerie
3–4 Knoblauchzehen, zerdrückt
Öl zum Anbraten
200 g Lasagneblätter
300 g Gruyère
Salz, Pfeffer

Bechamel-Soße
40 g Butter oder Öl
40 g Mehl
3/4 l Fleischbrühe
etwas Zitronensaft
Salz, Pfeffer

Die geschnittenen Frischpilze, eine Zwiebel und die eingeweichten, ausgedrückten Trockenpilze in Öl anbraten. Das Pilzwasser zugeben und einköcheln. Mit Salz und Pfeffer würzen. Getrennt davon die zweite Zwiebel mit dem Hackfleisch in Öl anbraten, das zerkleinerte Gemüse und den Knoblauch zugeben, würzen und 5–10 Minuten weiterköcheln. Aus Butter, Mehl, Brühe und Gewürzen die Bechamel-Soße herstellen und mit der Pilzmasse vermischen.
Eine feuerfeste Form gut ausfetten. Zuerst Bechamel-Pilzsoße einfüllen, mit Käse bestreuen, darauf nicht vorgekochte Lasagneblätter legen, darauf etwas Hackfleischsoße, mit Käse bestreuen, darauf wieder Lasagneblätter und so weiter. Die letzte Schicht ist Bechamel-Pilzsoße, gut mit Käse und Butterflöckchen bedeckt. Im vorgeheizten Backofen bei 200 °C etwa 30–40 Minuten backen. Die Oberschicht sollte goldbraun sein, sonst mit Alufolie abdecken.
In Portionen schneiden und sofort servieren.

Auch nur mit Trockenpilzen möglich.

Involtini con Funghi
Zarte Pilzrouladen

Geeignete Pilze
Steinpilze oder Mischpilze

Zutaten
- 200–250 g frische Pilze oder
- 35 g Trockenpilze (eingeweicht)
- 8–12 kleine, sehr dünne Kalbsschnitzel
- 1 Zwiebel, gehackt
- Senf
- Öl zum Anbraten
- etwas Mehl zum Bestäuben
- 50 g Räucherspeck, mager
- 1 Bund Petersilie, gehackt
- 2 Stück Trockentomaten
- 4 Esslöffel Sahne
- 1/2 l Wasser
- Pilzpulver
- Salz, Pfeffer

Den Speck in etwas Öl auslassen, darin die Zwiebel glasig dünsten. Die fein geschnittenen Pilze zugeben. Die Trockentomaten kleinschneiden und beigeben, die Petersilie zufügen und mit Salz und Pfeffer abschmecken. Noch kurz weiterköcheln.
Die Kalbsschnitzel vorsichtig klopfen, dünn mit Senf bestreichen, salzen und pfeffern. Die Pilzfülle auf die Schnitzel verteilen und eng wickeln. Mit Faden oder Spießchen zusammenhalten. Öl erhitzen und die Rouladen rundherum kräftig anbraten. Mit Mehl bestäuben und kurz weiterbraten, nach und nach mit dem Wasser ablöschen und zugedeckt bei geringer Hitze 60–75 Minuten schmoren. Dazwischen bei Bedarf Flüssigkeit nachgießen und Pilzpulver einstreuen. Zuletzt die Sahne in die

Soße einrühren, kurz aufkochen und mit Salz und Pfeffer abschmecken.
Servieren mit Nudeln, Kartoffeln oder Gemüse.

Das Pilzeinweichwasser wird mit zum Ablöschen verwendet. Sollten Pilze oder Füllung übrig sein, können diese auch gut der Soße beigegeben werden.

Kohlroulade mit Pilzfülle

Geeignete Pilze
Mischpilze

Zutaten
250 g Pilze
250 g Hackfleisch
1/2 Bund Petersilie, gehackt
1 Zwiebel
1 Brötchen
1 Ei
Paprika edelsüß, Salz, Pfeffer
8 Kohlblätter
Öl zum Anbraten

Soße
1/2 l Gemüsebrühe
1Esslöffel Tomatenmark
3 Esslöffel Sahne
Majoran, Salz, Knoblauch

Äußere Blätter von blanchiertem Kohlkopf ablößen, 2 für jede Roulade. Die Rippen flach schneiden. Die gehackten Zwiebeln, das Hackfleisch, die zerkleinerten Pilze und die Petersilie in Öl 4–5 Minuten anbraten. Salzen und pfeffern. Das eingeweichte, ausgedrückte Brötchen mit Ei, Paprika, Pfeffer und Salz vermengen und mit der Pilz-Fleischmasse gut vermischen.
Die Kohlblätter auslegen, jeweils zwei überlappend, und reichlich mit der Masse füllen. Die Blätter fest rollen und mit Küchengarn binden. Die Rouladen in Öl rundrum leicht anbraten, mit der Gemüsebrühe ablöschen und abgedeckt 40 Minuten bei geringer Flamme schmoren.
In die Soße das Tomatenmark, zerdrückten Knoblauch und die Sahne einrühren, mit Majoran, Salz und Pfeffer abschmecken.

Servieren mit Salzkartoffeln.

Fülle für Geflügel

Geeignete Pilze
Rotfußröhrlinge, Maronen, Birkenpilze, feste Lamellen-Pilze

Zutaten
(für 4 Stubenküken oder 2 Hähnchen)

300 g Pilze
3 Eier
2 Brötchen
60 g Butter oder Margarine
1 Zwiebel
Petersilie
Semmelbrösel
Muskat
Pilzpulver
abgeriebene Zitronenschale oder Zitronenmelisse, gehackt
Salz
Pfeffer

Die Pilze und die Zwiebel feinhacken und in 30 g Butter 15 Minuten dünsten. Immer wieder mit dem Pfannenwender drücken, so dass die Flüssigkeit entweicht. Zur Seite stellen. Die zerbröckelten Brötchen mit 30 g zerlassener Butter übergießen, in den verquirlten Eiern einweichen und anschließend durchkneten, bei Bedarf Semmelbrösel zufügen. Die Pilze einarbeiten, so dass eine feste Füllmasse entsteht. Mit Salz, Pfeffer, Muskat, Petersilie, Pilzpulver und Zitronenschale gut würzen. Den Teig kurz quellen lassen. Vorbereitetes Geflügel füllen, würzen, einölen und dressieren. Im Backofen oder Römertopf backen.
Servieren mit Reis.

Auch möglich mit 150 g Hackfleisch und entsprechend weniger Pilzen.

Hühnerfrikassee mit Pilzen

Geeignete Pilze
Feste Perlpilze, Trichterlinge, Champignons, Krause Glucke, Junge Stäublinge

Zutaten
300g Pilze
1 Huhn
50 g Butter
3 Esslöffel Mehl
Salz, Pfeffer
Zitronensaft
Worcestersoße
1/8 l Sahne
1 Eigelb

Für die Hühnerbrühe ein Huhn mit Suppengemüse kochen, auslösen und zerkleinern. Die geschnittenen Pilze in 20 g Butter 15 Minuten dünsten. 30 g Butter zerlassen und mit dem Mehl und 3/4 l Hühnerbrühe eine Bechamelsoße herstellen. Mit Salz, Pfeffer und Zitronensaft abschmecken. Die Pilze und das Hühnerfleisch hineingeben und kurze Zeit ziehen lassen. Zuletzt die Sahne mit dem Eigelb unterrühren. **Servieren** mit körnigem Langkornreis, einigen Tropfen Worcestersoße und Zitrone.

Das Gericht kann man auch mit Kalb- oder Putenfleisch zubereiten. Es ist ebenso als Fülle für Königinpastetchen oder zum Überbacken geeignet. Eine besondere Note bekommt es mit Krauser Glucke, da der Biss des Pilzfleisches sich stark von dem des Hühnerfleisches unterscheidet. Die Krause Glucke vorher blanchieren, sowie die Hinweise auf Seite 93 beachten. Einige Kapern machen das Gericht noch feiner.

Kalbsschnitzel mit Trompetenpfifferlingen

Geeignete Pilze
Trompetenpfifferlinge,
Lila Lacktrichterlinge,
zarte Lamellenpilze

Zutaten

300 g Pilze
400–500 g Kalbsschitzel
Butter oder
Öl zum Anbraten
Senf
1 Knoblauchzehe
2–3 Esslöffel Sherry oder Weißwein
1 Teelöffel Salbei, gehackt oder gemörsert
Salz
Pfeffer
Mehl zum Bestäuben

Die kleinen, sehr dünn geklopften Schnitzel etwas mit Senf bestreichen, leicht salzen und Pfeffern und nach Belieben von beiden Seiten mit Mehl bestäuben. Die Schnitzel von beiden Seiten in Öl oder Butter goldgelb anbraten und herausnehmen. Die Pilze mit dem zerdrückten Knoblauch und Salbei in die Pfanne geben, 8–10 Minuten anbraten, dann Sherry oder Weißwein angießen und weiterköcheln. Die Schnitzel zugeben, mit Salz und Pfeffer abschmecken und sofort servieren.
Servieren mit Kartoffeln, Reis oder Nudeln.

Anstatt Sherry lässt sich auch gut Zitronensaft verwenden. Man kann nach Belieben zuletzt noch 3–4 Esslöffel Sahne unterrühren.

Lammstreifen mit Pilzen

Geeignete Pilze
Schopftintlinge, Rauchblättrige Schwefelköpfe, Echte Reizker, Parasole, Waldchampignons, Pfifferlinge, Hallimasch

Zutaten
250 g Mischpilze
600 g Lammfleisch
2 Tomaten
4 Knoblauchzehen
4 Esslöffel Olivenöl
1 Esslöffel Zitronensaft
2 Esslöffel Joghurt
2 Esslöffel saure Sahne
Paprika edelsüß
Koriander oder Rosmarin, gemörsert
einige gehackte Kapern
Salz, Pfeffer

Die in Scheiben geschnittenen Pilze in 2 Esslöffel Öl kurz anbraten, mit Salz und Pfeffer würzen und beiseite stellen. Das Lammfleisch in Streifen schneiden, mit Zitrone beträufeln, mit Koriander (Rosmarin), Paprika und Pfeffer würzen und in heißem Olivenöl kurz anbraten. Die Tomaten häuten und würfeln, zusammen mit dem gehackten Knoblauch und den Kapern zugeben, mit Salz abschmecken. Die Pilze zufügen und kurz weiterschmoren. Joghurt und saure Sahne verquirlen und darunterziehen.
Servieren mit Reis oder Baguette.

Der Hallimasch ist für dieses Gericht sehr geeignet, muss jedoch vorher abgebrüht werden. Das Kochwasser wird wegschüttet.

Geschnetzelte Leber mit Rötelritterlingen

Geeignete Pilze
Violette Rötelritterlinge

Zutaten
300 g Pilze
300 g Rinds- oder Kalbsleber
1 große Zwiebel
250 g saure Sahne
Petersilie, kleingehackt
2 Esslöffel Weinessig
etwas Wasser
Salz, Pfeffer, Paprika
Öl zum Anbraten

Die Pilze in Streifen schneiden. Mit der Hälfte der in Ringe oder Streifen geschnittenen Zwiebeln 10 Minuten in Öl anbraten. Die gehackte Petersilie zugeben und mit Pfeffer und Salz abschmecken.

In einer zweiten Pfanne die in Streifen geschnittene Leber mit den restlichen Zwiebeln in Öl bei starker Hitze kurz von allen Seiten anbraten. Die Leber muss innen noch zart sein. Mit Paprika, Salz und Pfeffer bestreuen. Nach kurzer Zeit mit Essig und Wasser ablöschen. Die Kochhitze reduzieren, die Pilzpfanne dazugeben und die Sahne unterziehen. Servieren mit Bratkartoffeln, Kartoffelbrei, Reis oder breiten Nudeln.

Der leicht süßliche Geschmack des Violetten Rötelritterlings passt besonders gut zu Leber. Aber auch Austernseitlinge oder Champignons sind geeignet.

Nieren mit Semmelstoppelpilz

Geeignete Pilze
Semmelstoppelpilze,
Champignons, feste Wildpilze

Zutaten
250 g Pilze
400 g Nieren
2 Schalotten
50 g Butterschmalz oder Öl
1/8 l Weißwein
200 g Sahne
Petersilie
Salz, Pfeffer
1 Messerspitze Senf

Die Pilze in Scheiben schneiden und in Butter oder Öl mit den in Streifen geschnittenen Schalotten 15 Minuten anbraten. Die gesäuberten und vorbereiteten Nieren in dünne Scheiben schneiden. In einer zweiten Pfanne in sehr heißem Öl oder Butterschmalz 5–7 Minuten braten und würzen. Die Pilze und die Zwiebeln dazugeben und Weißwein angießen. Nachwürzen, die Sahne unterrühren und 1 Minute ziehen lassen. Mit etwas Petersilie bestreuen.
Servieren mit Bratkartoffeln, Reis oder Spätzle.

Schinkenspeckwürfel, die mitgebraten werden, machen das Ganze noch kräftiger. Für Vegetarier oder bei einem großem Pilzfund können die Nieren auch durch die gleiche Menge Pilze ersetzt werden.

Pilzbratlinge

Geeignete Pilze
Mischpilze, Ziegenlippen, Körnchenröhrlinge, Birkenpilze

Zutaten
300 g Mischpilze
100 g gekochter Schinken
1 Zwiebel
1 Bunde glatte Petersilie, gehackt
2 Brötchen, eingeweicht
1 Ei
1 Scheibe Knäckebrot, geraspelt
etwas Zitronenmelisse, gehackt
Majoran gerebelt
Salz, weißer Pfeffer
Pilzpulver, Paprika
Öl oder Butter zum Anbraten

Pilze sehr fein hacken oder wiegen und in etwas Öl mit dem gewürfelten Schinken, der kleingehackten Zwiebel und der Petersilie in einer Pfanne 5–8 Minuten dünsten, bis alle Flüssigkeit verdampft ist. Öfter mit dem Pfannenwender andrücken. Die warme Masse mit den stark ausgedrückten Brötchen, dem Knäckebrot, Ei, Schinken und den Gewürzen gut vermischen und kneten. Abschmecken und gegebenenfalls nachwürzen. Erkalten lassen.
Die Bratlinge in gewünschter Größe formen und in reichlich Öl oder Butter von beiden Seiten gut durchbraten.
Servieren mit Kartoffeln, Gemüse und Salat.

Pilzbratlinge kann man auch panieren. Auch ein wenig Tomatenmark passt dazu, sowie Knoblauch für alle, die gern herzhaft essen.

Krause Glucke mit Kalbshirn

Geeignete Pilze
Krause Glucke

Zutaten
250 g Krause Glucke (frisch oder gefroren, Röschen ohne Strünke)
250 g Kalbshirn
2 Eier
Paniermehl
Salz, Pfeffer
Paprika edelsüß
Öl zum Anbraten
Zitrone

Sud
Essig
1 Lorbeerblatt
Salz

Das Hirn, wenn nicht vom Metzger vorbereitet, in Salzwasser kurz ziehen lassen und die Haut abziehen. Einen Sud aus 3/4 l Salzwasser, dem Essig und dem Lorbeerblatt bereiten und das Kalbshirn darin 15–20 Minuten leicht köcheln lassen. Die Röschen der Krausen Glucke die letzten 10 Minuten mitköcheln lassen. Alles herausnehmen und auf Küchenkrepp abtropfen lassen.
Das Hirn und die Pilzkörper mit Salz, Peffer und Paprika bestreuen, dann beides zuerst in Ei und danach im Paniermehl rundum wenden. In reichlich Öl von allen Seiten goldbraun braten. Vor dem Servieren mit Zitrone beträufeln.
Servieren mit Kartoffelbrei und Salat.

Jägertopf

Geeignete Pilze
Röhrenpilze, Pfifferlinge, Semmelstoppelpilz, Mischpilze

400 g Mischpilze
1 Zwiebel
125 g Schinkenspeck
600 g Wildgulasch, in Essig- oder Rotweinmarinade eingelegt
3 große Zwiebeln
1 Möhre
1 Selleriestange
2 Knoblauchzehen
je 2 Zweige Rosmarin, Thymian und Majoran
Pflanzenöl zum Anbraten
1/2 l guten Rotwein
1/2 l Wasser
1/8 l saure Sahne
2 Esslöffel Sherry
Johannisbeergelee
Salz
Pfeffer

Das Wildgulasch in reichlich Öl mit den 3 in Streifen geschnittenen Zwiebeln scharf anbraten. Mit Salz und Pfeffer würzen und mit wenig Wasser ablöschen (Bratensatz).
In einer zweiten Pfanne den gewürfelten Schinkenspeck, die gehackte Zwiebel, den zerdrückten Knoblauch und die geschnittenen Pilze in etwas Öl anbraten. Das geschnittene Gemüse zufügen. Gulasch hineingeben und 2–4 Minuten weiterbraten. Mit Wein und Wasser ablöschen. Die Gewürze und Kräuter hineingeben und 60–90 Minuten zugedeckt köcheln. Mit Johannisbeergelee abschmecken. Zuletzt den Sherry und die saure Sahne mit einer Tasse Soße verquirlen und zufügen.
Servieren mit Klößen, Spätzle, Kartoffeln oder Reis.

Das klassische Rezept für die Jagd- und Pilzzeit. Noch aromatischer mit Trockenpilzen.

Pilzklöße

Geeignete Pilze
Maronen, Birkenpilze, Körnchen-, Sand- oder Goldröhrlinge, Scheidenstreiflinge, nicht sehr feste Röhren- oder Blätterpilze

Zutaten (für 8 Klöße)
300 g Pilze
1 Zwiebel
etwas Petersilie
4 Brötchen
3 Eier
100 g Butter
abgeriebene Zitronenschale oder Zitronenmelisse, gehackt
Salz, Muskat
50 g Semmelbrösel
etwas Mehl

Die Pilze und die Zwiebel sehr fein hacken oder leicht pürieren. In 30 g Butter zusammen mit der gehackten Petersilie etwa 15 Minuten dünsten und beiseite stellen. Die eingeweichten, ausgedrückten Brötchen mit der zerlassenen Butter und den verquirlten Eiern vermengen. Die gedünsteten Pilze, etwas Salz, Muskat und Zitronenschale dazugeben, unter Hinzufügen von Semmelbröseln und wenig Mehl gut durchkneten, so dass ein guter Kloßteig entsteht. Kurz ruhen lassen. Dann Klöße formen und in kochendem Salzwasser circa 10 Minuten bei geschlossenem Deckel sieden.

Als Zwischenmahlzeit nur mit zerlassener Petersilienbutter servieren. Wunderbar zu Wild oder Gulasch. Übriggebliebene Klöße können in Scheiben geschnitten und in Butter gebraten werden.

Schwarzer Heilbutt mit Reizkern und Champignons

Geeignete Pilze
Echte Reizker, Champignons

Zutaten
600 g Schwarzer Heilbutt, in Scheiben

Fischsud
1 kleine Zwiebel
1 Möhre
etwas Sellerie
1 Lorbeerblatt
1 Esslöffel Weißwein
1 Esslöffel Essig
Senfkörner
Liebstöckel- oder Petersilienstängel
Salz, Pfeffer

Pilzsoße
200 g Echte Reizker
200 g Champignons
30 g Butter
1 Schalotte
1 Esslöffel Weißwein
1/4 l Sahne
1 Tomate
Petersilie, gehackt
etwas Mehl zum Bestäuben
Pfefferminze
Salz, Pfeffer

Die Zwiebel und die Möhre in grobe Stücke schneiden. Alle Zutaten für den Sud in 1 l Wasser geben und zum Kochen bringen. Die Fischscheiben hineingeben und 15 Minuten ziehen lassen.
Inzwischen die kleingeschnittene Schalotte mit der gewürfelten Tomate und der Petersilie in Butter glasig dünsten. Die geschnittenen Pilze zugeben und 8 Minuten braten. Mit etwas Mehl bestäuben und wenden. Mit 1–2 Tassen Fischsud ablöschen und mit Pfefferminze, Pfeffer und Salz würzen. Zuletzt die Sahne unterrühren. Die Fischscheiben auf vorgewärmten Tellern mit Zitrone beträufeln und sofort mit der Pilzsoße servieren.
Servieren mit Reis oder Kartoffeln.

Lachs mit Steinpilzen

Geeignete Pilze
Steinpilze

Zutaten
150 g frische Steinpilze
4–8 Lachssteaks (je nach Größe)
125 g Sahne
250 ml trockener Weißwein
4 Esslöffel Pflanzenöl
30 g Butter
1/2 Schalotte
Schnittlauch, Petersilie, Liebstöckel
Salz, Pfeffer
Chinagewürz

Die Lachssteaks leicht salzen und pfeffern und in heißem Öl von jeder Seite 2–3 Minuten anbraten. Herausnehmen und warmstellen.

In der Pfanne die Butter zerlassen und die fein gehackte Schalotte goldgelb dünsten. Die Steinpilze dazugeben und 2 Minuten anbraten. Die gehackten oder kleingeschnittenen Kräuter und Gewürze dazugeben. Weißwein und Sahne verquirlen und damit ablöschen. Die Soße bei kleiner Flamme etwa auf die Hälfte einkochen und abschmecken. Die Lachssteaks auf vorgewärmten Tellern sofort servieren und mit der Soße leicht bedecken.
Servieren mit Butterkartoffeln und Zucchinigemüse oder gedämpftem, ganz kurz in Butter geschwenktem Blattspinat.

Dieses Rezept ist auch mit anderen Pilzen, wie Rotkappen, Stockschwämmchen oder Pfifferlingen möglich.

Soßen

Helle Pilzsoße

Geeignete Pilze
Lamellenpilze, zum Beispiel Scheidenstreiflinge, Perlpilze, Stockschwämmchen, junge Champignons

Zutaten
100 g Pilze
1/2 Zwiebel
1/2 l Fleischbrühe oder hellen Bratenfond
60 g Sahne
Butter oder Öl zum Anbraten
Salz, Pfeffer
Majoran oder Curry

Die Zwiebel und die feingeschnittenen Pilze in der Butter anbraten. Mit Fleischbrühe oder Bratenfond ablöschen und etwas einköcheln lassen. Mit Salz, Pfeffer und nach Geschmack etwas Curry oder Majoran abschmecken. Zuletzt die Sahne einrühren. Nicht durchsieben, allenfalls leicht pürieren.

Diese Soße eignet sich besonders zu hellem Fleisch und Geflügel.

Champignons sind gut für helle Soßen.

Dunkle Pilzsoße

Geeignete Pilze
Mischpilze, getrocknet

Zutaten
30 g getrocknete Mischpilze
1/2 Zwiebel
1/2 l Fleischbrühe und
Pilzeinweichwasser
etwas Tomatenmark
1/8 l Rotwein
1 Schuss Essig
etwas Kirschlikör
1 Prise Zucker
Majoran, Thymian
Salz
Pfeffer

In den gebräuntem Bratensatz von Wildfleisch oder Rinderbraten 4 Esslöffel Öl gießen. Darin die feingehackte Zwiebel und die eingeweichten, gut ausgedrückten Pilze dünsten. Mit der Fleischbrühe und dem Pilzeinweichwasser ablöschen. Aufkochen, etwas Tomatenmark unterrühren, 20–30 Minuten köcheln. 1/8 l Rotwein zugeben, weiterköcheln, Gewürze zugeben und mit etwas Kirschlikör abschmecken. Nach Belieben mit etwas Crème fraîche, langsam eingerührt, binden.

Mit Wild- oder Rindfleisch lassen sich leicht dunkle, kräftige Soßen herstellen. Der Farbton richtet sich danach, wie scharf angebraten wurde. Mit etwas Zuckercouleur und getrockneter, kleingeschnittener Tomate wird die Soße noch etwas kräftiger. Sie eignet sich für Wild und dunkles Fleisch, zu Kartoffelklößen oder Makkaroni.

Morchel-Soße

Geeignete Pilze
Spitz- oder Speisemorcheln, getrocknet oder frisch

Zutaten
125 g frische Morcheln oder
15–20 g getrocknete Morcheln
1 Schalotte
40 g Butter
1/2 l Sahne
1 Esslöffel Sherry
einige Tropfen Zitronensaft
Salz, Pfeffer

Die getrockneten, nicht zerkleinerten Morcheln 2 Stunden in 1/4 l warmem Wasser einweichen. Anschließend vorsichtig ausdrücken. Das Einweichwasser durchsieben und aufheben. Die feingehackte Schalotte in Butter glasig dünsten, die Morcheln dazugeben und weiterdünsten bis die Flüssigkeit verdampft ist. Zweimal etwas Sahne angießen und einkochen lassen. Dann das Morchelwasser mit der restlichen Sahne hinzugeben und alles auf etwa 1/2 Liter einköcheln. Mit Salz, Pfeffer, etwas Zitrone und Sherry abschmecken.
Servieren mit Kalbsmedaillons oder Geflügel und Tagliatelle.

Die frischen Morcheln müssen gut gewaschen werden, um sandfrei zu sein. Morcheln sind besonders fest im Fleisch. Man muss sie daher lange einweichen. Das durchgesiebte Einweichwasser nie weggießen, sondern für Soßen oder als Würze verwenden. Es enthält einen Großteil der Geschmacksstoffe. Das Gericht kann auch jeweils zur Hälfte mit süßer und saurer Sahne zubereitet werden.

Pilzbutter

Geeignete Pilze
Steinpilze, andere Röhrenpilze und feste Blätterpilze, Knoblauchschwindlinge

Zutaten (für 175 g Butter)
200 g frische Pilze
30 g getrocknete Pilze
Pilzpulver
2 Knoblauchzehen
1 Esslöffel Petersilie, gehackt
Öl oder Pilzöl, Salz

Die Trockenpilze in wenig warmem Wasser 20 Minuten einweichen. Das Öl erhitzen, die kleingehackten frischen Pilze und die eingeweichten, gut ausgedrückten und sehr fein gehackten oder pürierten Pilze 2–3 Minuten anbraten. Mit dem Einweichwasser ablöschen, zerdrückten Knoblauch, Petersilie und Pilzpulver zugeben, mit Salz abschmecken. Einkochen lassen, bis die Flüssigkeit verdampft ist.

Die erkaltete Pilzmasse und die weiche Butter sehr gut mit der Gabel vermischen. Die Masse auf ein Pergamentpapier legen, zu einer Rolle formen und in Portionen schneiden. **Servieren** auf gegrillten Steaks von Lamm, Rind, Kalb oder Fisch. Zu Spaghetti. Auch als Vorspeise sind geröstete Weißbrotscheiben mit Pilzbutter sehr delikat.

Eine Steigerung ist die Trüffelbutter. Dazu kann man schwarze oder weiße Trüffel oder beide gemischt verwenden. Die Pilzbutter hält im Kühlschrank 10–14 Tage, in der Tiefkühltruhe 8–10 Monate.

Konservieren

Duxelles

Geeignete Pilze
Champignons oder andere Blätterpilze, 1–2 Maggipilze

Zutaten
400 g frische Champignons
2 Schalotten
1 Zweig frischer Thymian
etwas Petersilie, gehackt
1 Esslöffel Sherry
40 g Butter
Salz, Selleriesalz,
Pfeffer aus der Mühle
40 g Butter

Die Schalotten fein hacken und in der Butter glasig dünsten. Die feingehackten Pilze dazugeben und 8–10 Minuten unter ständigem Rühren weiterdünsten. Sherry, Kräuter und Gewürze zufügen, weitere 2–3 Minuten köcheln, bis die Flüssigkeit verdampft und eine dickliche Masse entstanden ist.
Erkalten lassen und verwenden, oder gekühlt aufbewahren. Die Duxelles ist etwa 10–12 Tage im Kühlschrank und bis zu 8 Wochen im Gefrierschrank haltbar.
Verwenden zu Soßen, als Füllung für Champignonköpfe oder Blätterteigtaschen. Auch geeignet als Belag für Crostinis und natürlich unumgänglich für das berühmte »Filet Wellington«.

Eine interessante Farb- und Geschmacksvariante erhält man, indem man Tomatenmark oder kleingehackte Tomaten zufügt.

Pilzwürze

Geeignete Pilze
Gemischte Trockenpilze,
Pilzpulver von Nelkenschwindling,
Knoblauchschwindling,
Pfefferröhrling und Maggipilz

Zutaten
50 g Trockenpilze
1 Zwiebel
Sellerieblätter oder Selleriesalz
2 Lorbeerblätter
1 Thymianzweig
1 Rosmarinzweig
1 Knoblauchzehe
Pfeffer
1 Teelöffel Salz
Butter zum Anbraten

Die Trockenpilze 20 Minuten in warmem Wasser einweichen. Die fein gehackte Zwiebel in Butter glasig dünsten. Das Pilzeinweichwasser mit Wasser auf 3/4 Liter Flüssigkeit auffüllen. Die Flüssigkeit mit den Pilzen und allen Gewürzen zu den Zwiebeln geben und etwa 30 Minuten köcheln.
Danach alles durch ein feines Sieb gießen, die Pilze zusätzlich in einem Mullsäckchen oder Tuch gut ausdrücken, und die Flüssigkeit zur durchgesiebten Brühe geben. Die Brühe auf die Hälfte einkochen.
Zu verwenden für Suppen und Soßen. Vor allem bei Wildgerichten unübertroffen gut.

Die Pilzwürze kann auch noch weiter eingekocht werden, bis sie sirupartig wird. In Fläschchen gefüllt hält die Würze im Kühlschrank etwa 10 Tage. Besser ist es jedoch, die Würze in einer Eiswürfelschale einzufrieren, so hält sie gut ein Jahr und man hat praktische Portionswürfel. Ideal für Suppen und Soßen.

Eingelegte Pilze

Geeignete Pilze
Steinpilze, junge Röhrenpilze, Semmelstoppelpilz, Echter Reizker, Violetter Rötelritterling, Austernseitling, Junge Boviste, Krause Glucke, Nebelkappen

Zutaten
200 g Pilze
Olivenöl

Sud
100 ml Essig
50 ml Wasser
1 Zweig Rosmarin
1 kleines Lorbeerblatt
1 Knoblauchzehe
Salz, schwarze Pfefferkörner

Die Pilze in Stücke schneiden, kleine Exemplare ganz lassen. Den Knoblauch schälen und halbieren. Aus allen Zutaten einen Sud herstellen und 15 Minuten köcheln. Die Pilze 8 Minuten in Salzwasser kochen, abgießen und abspülen. Dann im Sud 5 Minuten köcheln, herausnehmen, in Gläser geben und einen Teil des Sudes einfüllen. Mit Olivenöl auffüllen, bis die Pilze gut bedeckt sind. Die Gläser gut verschließen. Die Pilze vor Gebrauch mindestens 14 Tage durchziehen lassen.
Vor dem **Servieren** in einem Sieb gut abspülen, abtropfen lassen und mit sehr gutem Olivenöl beträufeln.

Für den Sud eignet sich auch ein Zweig Thymian oder eine Chilischote. Der Sud kann mehrmals verwendet werden. Die geschlossenen Gläser sind etwa ein Jahr haltbar. Geöffnete sollten schnell verbraucht werden.

Eingelegte gefüllte Champignonköpfe

Geeignete Pilze
Mittelgroße, geschlossene Champignons

Zutaten
250 g mittelgroße Champignons
100 g Frischkäse
3 Knoblauchzehen
Salz
Paprika, edelsüß

Sud
(siehe Seite 180)

Die Pilzstiele herausdrehen und anderweitig verwenden. Die Köpfe im heißen Essigsud 10 Minuten ziehen lassen. Den gehackten Knoblauch mit Salz zerdrücken und mit Paprikapulver und Frischkäse vermischen. Die Pilzköpfe mit dieser Masse füllen und in ein Glas mit Olivenöl einlegen, so dass alle Pilze gut bedeckt sind. Fest verschließen. Gekühlt etwa 3–5 Wochen haltbar.

Geeignet als feine Vorspeise, für Buffets oder als Appetithäppchen. Immer auch ein willkommenes Geschenk. Nach dem Öffnen bald verzehren. Die Stiele der Pilze zum Trocknen, für Suppen, Soßen oder Füllungen verwenden (zum Beispiel für Duxelles oder Rührei).

Ein Pilzvorrat überbrückt die pilzarme Saison.

Pilze trocknen

Getrocknete Waldpilze sind im Aroma stärker als frische Pilze. Sie machen jedes Pilzgericht noch würziger. Ein weiterer Vorteil ist, dass man durch Trocknen einen Vorrat für die pilzarme Zeit anlegen kann. Eine Vielzahl von Pilzgerichten, Gratins, Suppen und Soßen kann man auch nur mit getrockneten Pilzen zubereiten.

Wer nach einer großen Pilzernte beim Putzen sitzt, muss entscheiden, welche Pilze gleich zubereitet, welche eingefroren oder getrocknet werden und aus welchen man Pilzpulver herstellt. Das Einlegen in Essig und Öl nicht zu vergessen. Die besten Exemplare sind für die Sofortverwertung, zum Einfrieren oder zum Einlegen geeignet. Die zweite Wahl ist zum Trocknen bestimmt, kleine Stücke oder Stiele sind für Pilzpulver zu verwenden.

Die Pilze werden zu Mischtrockenpilzen verarbeitet. Es empfiehlt sich aber auch, manche Arten sortenrein zu trocknen. Steinpilze, Herbsttrompeten, Morcheln, Stockschwämmchen, der Zarte Saumpilz, Nelken-

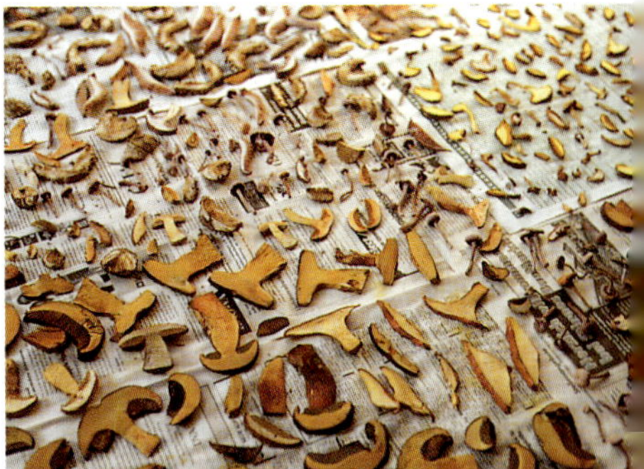

Pilze, zum Trocknen ausgelegt.

schwindlinge oder die Krause Glucke haben beispielsweise ein ganz eigenes Aroma. Manche dieser Pilze findet man nicht jedes Jahr, daher ist es sinnvoll, in guten Jahren etwas mehr Vorrat anzulegen.

Eignung
Zum Trocknen eignen sich nahezu alle Speisepilze außer Pfifferlingen, die dabei hart und etwas bitter werden. Nur die jungen und festen Exemplare werden getrocknet, feuchte und schwammige Pilze sind ungeeignet. Röhrenpilze eignen sich etwas besser als Blätterpilze, jedoch müssen die alten Schwämme entfernt werden.

Verarbeiten
Die Pilze werden nicht gewaschen, sondern nur mit Messer und Bürste geputzt. Zum Trocknen werden die Pilze in 3–5 mm dicke Scheiben geschnitten und ausgelegt, entweder auf Zeitungen, Tüchern oder auf mit Fliegendraht bespannten Rahmen. Getrocknet werden sollte an einem warmen Ort, jedoch nicht direkt in der Sonne. Einmal pro Tag sollten die Pilze gewendet werden. Man kann sie auch in Abständen auf einen Faden aufreihen. Beim Trocknen im Backofen ist darauf zu achten, dass die Pilze einzeln auf einem Gitter liegen und rundum belüftet werden. Die Temperatur darf in keinem Fall über 50 °C betragen und die Backofentüre muss leicht geöffnet sein. Bei neueren Umluftbacköfen ist an der Türe ein Kontakt eingebaut, so dass der Backofen nur mit geschlossener Türe funktioniert. Dadurch kann keine Feuchtigkeit entweichen. Das Trocknen ist in diesen Öfen nicht möglich.

Aufbewahren
Die Pilze müssen »rascheltrocken« sein. Enthalten sie noch Feuchtigkeit, fangen sie an zu schimmeln. Sie werden in der gesamten Pilzsaison gesammelt, getrocknet und in großen Papiertüten aufbewahrt. Im Spätherbst wird alles gemischt und in gut verschließbare Gläser gefüllt. Am besten eignen sich dunkle Lichtschutzgläser.

Weiterverarbeiten von getrockneten Pilzen
Die getrockneten Pilze werden mindestens 20–30 Minuten – je nach Rezept und Pilzsorte auch länger – in warmem Wasser eingeweicht. Danach werden sie gut ausgedrückt und weiterverarbeitet. Das Einweichwasser sollte man nie weggießen, sondern zu anderen Gerichten verwenden oder daraus Suppen und Soßen herstellen.

Gerichte aus Trockenpilzen gewinnen an Geschmack nach Wiedererwärmen, da sich das Aroma entfaltet hat.

Pilzpulver

Da Pilzpulver sehr leicht herzustellen ist, sollte es bei keinem Pilzfreund in der Küche fehlen. Pilzpulver ist vom Geschmack besonders intensiv, die Nährstoffe der Pilze werden besser ausgenützt, es muß nicht eingeweicht werden und ist leicht dosierbar.

Eignung
Ähnlich wie zum Trocknen eigenen sich auch zur Herstellung von Pulver fast alle essbaren Pilze. Man sollte

Pilzpulver-Variationen.

Schmackhaftes Pilzöl.

jedoch die besonders aromatischen bevorzugen. Auch hier gilt: Einige Pilze werden am besten zu sortenreinem Pulver verarbeitet, zum Beispiel Nelkenschwindlinge, Herbsttrompeten, Steinpilze, Anis-Champignons, Maggipilze, Knoblauchschwindlinge und Pfefferröhrlinge. Aus den anderen wird ein aromatisches, gemischtes Waldpilzpulver hergestellt. Für Pilzpulver können auch die Stiele von Parasol, Schopftintling oder Birkenpilz verwendet werden, aber genausogut Stielstücke anderer Arten sowie kleine Restteile.
Sollte im Bestimmungsteil ausdrücklich erwähnt sein, die Stiele nicht zu verwenden, dann gilt das selbstverständlich auch für die Herstellung von Pilzpulver.

Verarbeiten
Die Pilze lassen sich nur mahlen, wenn sie rascheltrocken sind. Die getrockneten Pilze daher vor dem Mahlen in kleinen Mengen in ein Sieb geben und – bei niedrigster Temperatur und leicht geöffneter Türe – kurz in den Backofen stellen.

Zum Mahlen der Pilze eignet sich eine gut gereinigte elektrische Kaffeemühle, aber auch Rührstäbe, Zauberstäbe oder Mixer. Wer Handarbeit liebt, kann die Pilze auch mörsern.

Verwendung
Pilzpulver eignet sich nicht nur zum Abschmecken und Nachwürzen. Eine feine Pilzsuppe oder Soße kann auch ausschließlich mit Pulver hergestellt werden. Oder man bestreut ein Schnitzel oder ein Stück Fleisch mit reichlich Öl und Pilzpulver und lässt es über Nacht im Kühlschrank ziehen. Am nächsten Tag zubereitet ist es etwas ganz Besonderes. Auch für Salate ist Pilzpulver gut zu verwenden.

Grobkörniges Pilzpulver sollte zum Mitkochen früher in die Speisen gegeben werden, damit es sein Aroma entfalten kann. Pulverfeines Pilzpulver kann dagegen auch erst ganz zuletzt zugegeben werden.

Pilzöl

Die Zubereitung von Pilzöl ist sehr einfach. Es ist mit Pilzpulver oder Trockenpilzen herzustellen. Dazu werden einige Löffel Pilzpulver oder 10 g Trockenpilze mit 1/2 l gutem Olivenöl in dunkler Flasche aufgefüllt. Man lässt das Ganze 14 Tage stehen und schüttelt öfter gut durch. Die Trockenpilze und das Pilzpulver werden nach zwei Wochen herausgesiebt.

Interessant für Feinschmecker ist sortenreines Pilzöl, zum Beispiel aus Steinpilzen, Herbsttrompeten oder Nelkenschwindlingen. Je nach Geschmack und Bedarf können Pilzöle noch weiter aromatisiert werden, beispielsweise mit Sherry, Rosmarin, Thymian, Majoran, Lorbeerblättern, Pfefferkörnern oder Knoblauch. Die Gewürze oder festen Geschmackslieferanten werden nach 14 Tagen herausgenommen.

Verwendung
Pilzöl ist vor allem für Pilzsalate oder zum Anbraten von Pilzen geeignet. Schnitzel oder Steaks bestreicht man mit Pilzöl, lässt sie über Nacht im Kühlschrank ziehen und bereitet sie am nächten Tag zu.

Pilze einfrieren

Zum Einfrieren eignen sich alle Pilze außer Pfifferlingen, die dabei bitter werden. Die meisten Pilze können roh eingefroren werden, nur beim Echten Reizker und der Krausen Glucke empfielt es sich, sie vorher zu blanchieren und auf Küchenkrepp gut abtropfen zu lassen. Am besten schneidet man die gut geputzten Pilze gleich in Scheiben oder Stücke, je

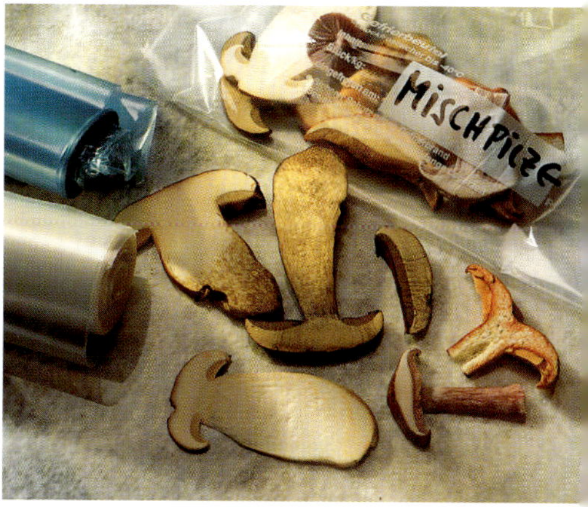

Pilze lassen sich eingefroren zum Teil über ein Jahr lang aufheben.

nachdem, wie man sie später weiterverwerten will. Die so vorbereiteten Pilze werden in nicht zu großen Mengen in Gefrierbeutel oder Tiefkühldosen gefüllt, die Luft herausgedrückt und schockgefroren.

Spätherbst- und Winterpilze halten etwas länger als Sommerpilze. Gefrorene Pilze sind 10 bis 12 Monate, Steinpilze, Krause Glucken und Violette Rötelritterlinge erfahrungsgemäß auch länger ohne Qualitätsverlust haltbar. Voraussetzung aber ist immer, dass es sich um junge feste Exemplare handelt. Auch fertige Pilzgerichte lassen sich problemlos 2–3 Monate einfrieren.

Verwendung
Die Pilze nicht auftauen, sondern sofort im gefrorenen Zustand verwenden. Wichtig ist, dass sich durch die Hitze die äußeren Poren schnell schließen, da die Pilze sonst schlapp werden. Am besten ist es daher, sie gleich in heißes Fett oder in eine heiße Brühe zu geben.

Verzeichnisse

Giftinformations-zentralen (GIZ)

Deutschland

Berlin

Beratungsstelle für Vergiftungserscheinungen und Embryonaltoxikologie, Pulsstr. 3-7, 14059 Berlin
Tel.: (030) 3 02 30 22
Fax (030) 34 30-70 21

Universitätsklinikum Rudolf Virchow Standort Charlottenburg, Reanimationszentrum, Spandauer Damm 130, 14050 Berlin
Tel.: (030) 30-34 66, -22 15, -34 36
Fax (030) 30 35-20 56

Bonn

Informationszentrale gegen Vergiftungen, Zentrum für Kinderheilkunde der Rheinischen Friedrich-Wilhelms-Universität Bonn, Adenauerallee 119, 53113 Bonn
Tel.: (0228) 2 87-32 11, -33 33
Fax (0228) 2 87-33 14

Braunschweig

Med. Klinik II des Städtischen Klinikums, Salzdahlumer Str. 90, 38126 Braunschweig
Tel.: (0531) 59 50 oder 6 22 90,
Fax (0531) 5 95-26 54

Bremen

Kliniken der Freien Hansestadt Bremen, Zentralkrankenhaus, St.-Jürgen-Straße, Klinikum für Innere Medizin, Intensivstation, St.-Jürgen-Straße, 28205 Bremen
Tel.: (0421) 4 97-01, -52 68, -36 88,
Fax (0421) 4 97-33 45

Erfurt

Gemeinsames Giftinformationszentrum der Länder Mecklenburg-Vorpommern, Sachsen, Sachsen-Anhalt und Thüringen, Nordhäuser Str. 74, 99089 Erfurt,
Tel.: (0361) 73 07 30,
Fax (0361) 7 30 73 17

Freiburg

Universitäts-Kinderklinik Freiburg, Informationszentrale für Vergiftungen, Mathildenstr. 1, 79106 Freiburg
Tel.: (0761) 2 70-43 61, -43 05,
Fax (0761) 2 70-44 81, -44 57

Göttingen

Georg-August-Universität Göttingen, Kinderklinik und Poliklinik, Robert-Koch-Str. 40, 37075 Göttingen
Tel.: (0551) 39-62 39
Zentrale: (0551) 39-62 10
Fax (0551) 62 52

Homburg/Saar

Universitätskliniken, Klinik für Kinder- und Jugendmedizin, 66421 Homburg/Saar
Tel.: (0 68 41) 16-22 57, -28 46
Zentrale: (0 68 41) 16-0
Fax (0 68 41) 16-40 17

Kiel

Zentralstelle zur Beratung bei Vergiftungsfällen, I. Med. Universitätsklinik, Schittenhelmstr. 12, 24105 Kiel
Tel.: (0431) 5 97-42 68
Zentrale: (0431) 5 97-0
Fax (0431) 5 97-13 02

Koblenz

Städtisches Krankenhaus, Kemperhof, Koblenz, I. Med. Klinik, Koblenzer Str. 115, 56073 Koblenz
Tel.: (0261) 4 99-21 11
Berufsfeuerwehr:
Fernschr.: (0261) 8 62-4 14
Telex: (0261) 4 46 60

Mainz

Beratungsstelle bei Vergiftungen, II. Med. Klinik und Poliklinik der Universität, Langenbeckstr. 1, 55131 Mainz
Tel.: (0 61 31) 2 32-4 66, -4 67
Fax (0 61 31) 1 76-6 05

München

Giftnotruf München, Toxikologische Abteilung der II. Med. Klinik rechts der Isar der Technischen Universität München, Ismainger Str. 22, 81675 München
Tel.: (089) 41 40-22 11
Fax (089) 41 40-24 67

Münster

Westfälische Wilhelms-Universität, Umweltprobenbank für Human-Organproben, Umweltdatenbank, Domagkstr. 11, 48129 Münster
Tel.: (0251) 83 60 65
Fax (0251) 83 55 24

Nürnberg

II. Med. Klinik des Städtischen Klinikums, Toxikologische Intensivstation, Flurstr. 17, 90419 Nürnberg
Tel.: (0911) 3 98-24 51
Fax (0911) 3 98-22 05

Papenburg

Marienhospital, Pädiatrische Abteilung, Hauptkanal rechts 75, 26871 Papenburg
Tel.: (0 49 61) 93-0, -13 81
Fax (04961) 93 13 89

Österreich

Wien

Vergiftungs-Informationszentrale, Spitalgasse 23, A - 1090 Wien
Tel.: (0043-222) 43 43 43

Schweiz

Zürich

Schweizerisches Toxikologisches Informationszentrum, Klosbachstr. 107, CH - 8030 Zürich
Tel.: (0041-1) 2 51 51 51

Pilzverzeichnis

Pilze in Klammern sind nicht ausführlich besprochen.

Rezeptverzeichnis

Vegetarische Gerichte sind mit einem * gekennzeichnet.

Suppen

Salate

Vorspeisen

Kleine Gerichte

Hauptgerichte

Literatur

Carluccio, Antonio: Pilze für Feinschmecker. Wilhelm Heyne Verlag. München 1996.
Ewald, Gerhardt: Der große BLV Pilzführer für unterwegs. BLV Verlagsgesellschaft , München 1997.
Ewald, Gerhardt: Pilze. 4. Auflage. BLV Verlagsgesellschaft. München, Wien, Zürich 1995.
Hausner, Gerhild: Pilze – Die wichtigsten Speise- und Giftpilze. 7. Auflage. BLV Verlagsgesellschaft. München, Wien, Zürich 1997.
Jedicke, Eckard (Hrsg.): Die Roten Listen. Verlag Eugen Ulmer. Stuttgart 1997.
Jordan, Michael: The Encyclopedia of Fungi of Britain and Europe. David & Charles. 1995.
Kriegelsteiner, German J.: Verbreitungsatlas der Großpilze Deutschlands (West). Verlag Eugen Ulmer. Stuttgart 1991.
Laux, Hans E.: Eßbare Pilze und ihre giftigen Doppelgänger. 3. Auflage. Franckh-Kosmos Verlag. Stuttgart 1992.
Ministerium für Arbeit, Gesundheit und Sozialordnung Baden-Württemberg (Hrsg.): Vorsicht Gift. Informationen über Pilze.
Phillips, Roger: Der große Kosmos Pilzatlas. 2. Auflage. Franckh-Kosmos Verlag. Stuttgart 1990.
Rymann, Svengunnar und Ingmar Holmäsen: Pilze. Bernhard Thalacker Verlag, Braunschweig 1992.

Die Autoren

Renate Volk kannte schon im Alter von fünf Jahren mehr Pilze als Buchstaben und ist sozusagen zwischen den Pilzen aufgewachsen. Vom Großvater Ömser, der Biologe, Pilzberater und Hobbykoch war, hat sie die Pilze von der Pike auf kennen und schätzen gelernt.

Fridhelm Volk ist von Beruf Fotograf, aber in der Pilz-Saison ist er als echter Pilz-Enthusiast kaum ansprechbar – es sei denn, es handelt sich um Pilze.

Die Deutsche Bibliothek – CIP-Einheitsaufnahme

Volk, Renate:
Pilze sicher bestimmen, delikat zubereiten / Renate und Fridhelm Volk. Farbfotos von Fridhelm Volk. - Stuttgart : Ulmer, 1999 (Ulmer ; 81)
ISBN 3-8001-6902-9 (1. Aufl.)
ISBN 3-8001-3656-2 (2. Aufl.)

Wollgrasweg 41,
70599 Stuttgart (Hohenheim)
Printed in Germany
Lektorat: Carola Hils
DTP & Herstellung: Silke Reuter
Druck: Appl, Wemding

Hervorragender Speisepilz

Sehr guter Speisepilz

Guter Speisepilz

Essbarer Pilz

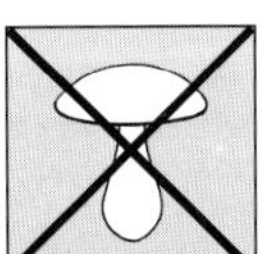

Ungenießbarer oder leicht giftiger Pilz

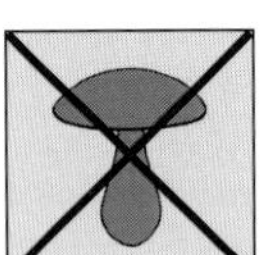

Giftiger oder tödlich giftiger Pilz